# Von Arsch-bomben-WM bis Zombie-Tour

Ingo
Gentner

# Von Arsch-bomben-WM bis Zombie-Tour

## Die 133 verrücktesten Festivals der Welt

Bassermann

Für Alexandra.

Ohne Dich wäre nicht nur die Idee und die Leidenschaft
für dieses Buch verkümmert, sondern auch ich.

Danke!

Das für dieses Buch verwendete FSC®-zertifizierte Papier
*München Super* liefert Arctic Paper Mochenwangen GmbH.

ISBN: 978-3-8094-3010-0



**Umschlaggestaltung:** Atelier Versen, Bad Aibling unter Verwendung eines Motivs von Thorsten Trantow
**Fotos:** Siehe Bildnachweis auf S. 217
**Projektleitung:** Martha Sprenger
**Herstellung:** Sonja Storz



**Layout und Satz:** JUNG MEDIENPARTNER GmbH, Limburg
**Druck und Bindung:** GGP Media GmbH , Pößneck

Printed in Germany

817 2635 4453 6271

# INHALTSVERZEICHNIS

# EINLEITUNG

In diesem Buch geht es um die wirklich wichtigen Dinge im Leben. Sahnetorten im Gesicht, Wasserschlachten auf dem Trockenen, rasante Jagden auf Mülltonnen, Duelle mit Tomaten, vollen Windeln oder Rotwein, Fummeln im schrägen Fummel, kopfüber in den Dreck, in Badewannen und auf Milchkartons in See stechen, mit Untoten am Strand abfeiern – oder schlicht am ausgiebigsten Zechen, Zocken und Rock'n'Roll zelebrieren ...

Neugierig geworden?

Ich auch, und das liegt schon eine halbe Ewigkeit zurück. Seitdem bin ich auf der Suche nach Erleuchtung. Doch kein Buch beschäftigt sich mit irren Events oder Festivals zum Mitfeiern. Bis jetzt. Denn ich habe gestöbert, gesammelt, ausgesiebt, zusammengefasst und schließlich in die Tasten gehämmert. Das Ergebnis halten Sie in Ihren Händen.

Doch einen kleinen Moment noch, bevor's losgeht: Wer beim Inhaltsverzeichnis schon losledern will, weil ihm (oder ihr) das ein oder andere Festival fehlt – sparen Sie sich das. Dies ist in keinster Weise ein Almanach, noch erhebt diese Sammlung einen Anspruch auf Vollständigkeit.

Schlimmer noch: Die Events sind nicht einmal eine repräsentative Auswahl. Ich fand sie einfach am lustigsten. Manche kenne ich schlicht auch noch nicht, denn es gibt hunderte, gar tausende dieser Art, verstreut über den ganzen Erdball. So viele, um weitere Bücher zu füllen. Wollen Sie etwa noch einen zweiten Teil?

Falls ja: Schicken Sie mir doch jeden verrückten Wettbewerb, jede kultige Veranstaltung oder sonst alles Irres, von dem Sie der Meinung sind, dass es die Welt (oder zumindest ein kleiner Teil von ihr) erfahren sollte, per E-Mail an crazy_festivals@yahoo.com. Vielleicht darf ich Sie dann doch irgendwann mit einer Fortsetzung nerven.

Aber jetzt erst mal: Viel Spaß beim Lesen – oder sogar beim Ausprobieren, wenn Sie mögen.

LG, Ingo Gentner

# RESTEVERWERTUNG

Lust darauf, einem Wildfremden matschiges Gemüse an den Kopf zu werfen? Einfach so aus Spaß? Oder irgendjemandem eine Torte ins Gesicht zu klatschen – und dafür auch noch Beifall zu ernten? Oder das oder die Gegenüber von oben bis unten vollzusudeln – und dafür sogar mit Unmassen von Schinken belohnt zu werden? Klingt lecker und verführerisch – alles kein Problem! Dafür müssen Sie aber selbst kräftig einstecken. So läuft das Leben eben!

Mann gegen Mann, Mannschaft gegen Mannschaft, Stadtteil gegen Stadtteil – es gibt Schlachten, die nur ein Ziel haben: keines zu haben! Aus Tradition, aus Spaß an der Freude, aus Langeweile geboren, aus einer Laune heraus entstanden – noch nicht einmal das Siegen steht im Vordergrund.

Dieses Kapitel stellt einige der skurrilsten Duelle vor, die sich die Menschheit je geliefert hat. Alle Schlachten sind harmlos. Jeder kann bei ihnen mitmachen, schmeißen, getroffen werden (meistens auch die Unbeteiligten), um sich wieder aufzurappeln, durchzustarten, zu triumphieren. Um Spaß zu haben.

Die Waffen: Überreifes Gemüse, Sahne-Torten, volle Windeln, Mehl- und Wasserbomben, verfaultes Obst, Matsch, haufenweise Schneebälle, farbiges Pulver, Daunenkissen, Wein aus Schläuchen. Gefeuert wird aus Spritzpistolen, selbstgebastelten Wasserwerfern, mittels Katapulten und Schleudern aller erdenklichen Arten, mit der Hand, den Füßen, mit vollem Körpereinsatz – nur der Kopf wird hingehalten. Zwar wird mitunter die Reisekasse beansprucht – die Schlachten sind über den gesamten Globus verteilt – aber die Feste sind gratis (die meisten zumindest).

Es winken Ruhm und Ehre, viele durchzechte Nächte, neue Freunde, ungewohnte Perspektiven, kuriose kulturelle Einblicke und Eindrücke, exotische und malerische Landstriche, in denen auf Kommando das organisierte Chaos ausbricht – dafür gibt's manchmal aber auch etliche blaue Flecken.

Lust bekommen, selbst mitzumischen, andere aufzumischen? Dann einfach die Koffer packen, Flug buchen und loslegen!

## La Tomatina – harmloses, rot-pampiges Vergnügen

Buñol, Spanien

Was normalerweise in aller Welt auf Pizza und Pasta kommt, landet einmal im Jahr auf den Straßen des spanischen Dorfes Buñol (Valencia) – und vor allem auf Gesichtern der Einwohner und Party-Touristen. Immer in der letzten Augustwoche an einem Mittwoch schwillt die Menschendichte des Ortes von 9000 auf 40 000 an, um eine harmlose Schlacht zu schlagen. Überreife Tomaten werden tonnen- und Lkw-weise in die Dorfmitte gekarrt. Der Berg ist mehrere Meter hoch …
120 Tonnen Tomaten – das entspricht mehr als 90 000 Flaschen Ketchup oder 300 000 bis 600 000 Dosen geschälter Tomaten. Die Lufthansa könnte damit umgerechnet drei Wochen lang Tomatensaft (1,6 Millionen Liter pro Jahr) ausschenken …

**Was geht ab:** Alles beginnt nach einer durchzechten Nacht – und zwar egal, ob man will, oder nicht. Denn alle, die anreisen oder zumindest nicht flüchten, begießen das Duell vor- und nachher gehörig.

Um 11 Uhr morgens – aus dem von der Stadt und Sponsoren aufgeschütteten Tomatenberg läuft mittlerweile durch den immensen Druck eine ungenießbare Tomatensoße die Hauptstraße entlang – beginnt die Schlacht. Das eigentliche Fest startet um 10 Uhr mit einem Ritual: Auf einem Baum hängt ein Schinken, der heruntergeholt werden soll.

**Die Crux:** Der Baumstamm ist schmierig, das Klettern (fast) unmöglich. Das ist der einzig gefährliche Teil des Events (Sie müssen ja nicht mitmachen) …

**Dann geht's richtig los:** Eine Stunde später beginnt die Wurf-Orgie, eingeläutet durch einen Böllerschuss. Jetzt wird's glitschig – wegen der Sicherheit! Laut Vorschrift müssen die Tomaten vor dem Werfen in der Hand zerdrückt werden, um Verletzungen zu vermeiden. Das Ganze darf zudem nur eine Stunde andauern. Ab Highnoon ist finito! Zum Schluss wartet man in bis zum Knie reichenden Tomatenmark.

Glauben Sie nicht, dass Sie ausweichen können – zu rutschig. Aber wenn Sie schon auf der Schnauze liegen und kriechen, können Sie auch aus dem nächsten Tomatenhäufchen schöpfen (aufpassen: Keine Steinchen erwischen) und neu in die Schlacht ziehen.

**Tipps:** Keine Flip-Flops anziehen, sondern alte Sportschuhe. Taucherbrillen sind eine gute Verteidigung gegen Saftspritzer im Auge (tut weh, macht aber nicht blind – an roten Augen erkennt man die erbittertsten Kämpfer). Und nie, warnen eindringlich die Veranstalter, nie auf einen Zaun, einen Laternenmast oder etwas ähnlich Erhöhtes klettern. Sie werden immer das erste Ziel der Werfer werden. Nichtsdestotrotz: Nach der Schlacht wird sich Ihre Haut extrem weich anfühlen – dem Tomatensaft sei Dank. Der soll übrigens auch hervorragend gegen Kater helfen ...

**Nachmacher:** Wer es noch etwas „exotischer" mag: Seit einigen Jahren gibt es auch in Kolumbien eine Tomatenschlacht. Im Dorf Sutamachán versammelten sich bislang wenige hundert Werfer im Stadion, doch auch dieses Scharmützel gewinnt zusehends an Beliebtheit. Auch hier dauert die Schlacht nur eine Stunde, ebenfalls ausschließlich mit ungenießbaren, überreifen Tomaten. Und Rum!

**Historisches:** Die Kolumbien-Variante ist reine Gaudi, denn gut geklaut ist besser als schlecht selbst erfunden. Das rote Treiben in Valencia hat aber ebenso wenig Sinn oder Tiefgang, dient lediglich dem Spaß.

**Die offizielle Version der Stadt:** 1945 – junge Typen, die nicht an einem Umzug durch die Straßen teilnehmen durften, fingen Streit an. Da ein großer Gemüsemarkt in der Nähe der Prozession war, führte eines zum anderen …

Im folgenden Jahr wiederholte die Kids-Gang die Schlacht und brachte überreife Tomaten mit. Wieder löste die Polizei alles auf, doch das Jahr darauf dasselbe Szenario. Und das „Festival" begann sich zu etablieren …

In den 50ern wurde die Schlacht offiziell verboten, doch die Spanier feuerten weiter Tomaten aufeinander – und aus Protest auch auf Würdenträger. 1955 wurde das Festival, in der Bevölkerung mittlerweile äußerst beliebt, in einem Festakt „zu Grabe getragen". Seit 1957 ist es aber offiziell erlaubt. Seit 1980 stellt die Stadt sogar die Tomaten zur Verfügung. Mittlerweile kommen TV-Sender aus mehreren Ländern, um von der Tomaten-Party zu berichten. Es gilt als eines DER Ereignisse in Spanien, lockt Touristen aus aller Welt an.

**Was & Wo:** Am besten weit im Voraus ein Zimmer buchen, wasserdichte Kameras mitbringen. Mitmachen kann jeder, doch die Aufpasser sind streng, was den Ehrenkodex anbelangt, damit der Spaß nicht allzu ernst wird. Buñol liegt im Hinterland der Costa Blanca, im Osten Spaniens, rund 40 Kilometer von Valencia (850 000 Einwohner) entfernt. Nach der Tomatina also unbedingt dorthin, wer weiterfeiern möchte.

Valencia ist über den Flughafen Manises zu erreichen. In der Umgebung von Buñol finden sich aber auch Wasserfälle, Quellen und Museen, die einen Besuch lohnen. Infos gibt's in der Touristeninformation vor Ort. Immer in der letzten Augustwoche.

Website: www.tomatina.es

## Volle Windeln, faules Gemüse, klebrig und schmuddelig – die Gemüseschlacht in Berlin

Berlin, Deutschland

Ost gegen West im vereinten Deutschland: Zwischen den Berliner Bezirken Friedrichshain und Kreuzberg entflammt alljährlich ein neuer Kiez-Krieg! Gekämpft wird mit fast allen erdenklichen Mitteln – aber nur solchen, die keinem wehtun. Außer dem Geruchssinn. Und dem guten Geschmack. Doch danach schert sich in Berlin ohnehin niemand.

**Was geht ab:** An einem Tag (nicht fix) rufen zwei „verfeindete" Gruppen (siehe unten) zum Showdown auf der Oberbaumbrücke (führt über die Spree) auf, die die beiden Kieze verbindet. Am Tag der Abrechnung (bislang gewannen immer die Friedrichshainer) treffen die beiden Parteien in der Mitte der Brücke aufeinander und versuchen, die Feindespartei zurückzudrängen. So viel zur Theorie.

**Die Praxis:** Alles darf geworfen oder geschleudert werden, was nicht verletzen kann – der Fantasie sind keine Grenzen gesetzt. Hauptsache: Es stinkt! Erlaubt sind alles Faule, alles Müffelnde, alles Eklige.

**Regeln:** Keine. Aber es gilt: Unbedingt friedlich und fair bleiben! Denn als Schiedsrichter fungiert zumeist die Polizei (die sich übrigens brav aus den Schlachten heraushält, weil bislang alles friedlich verlief). Unter den Augen der Gesetzeshüter wird gewütet, anarchistisch gebrüllt. Mütter mit Kinderwägen, Business-Fuzzis (in wasserdichter Kleidung) und auch gestandene Kiez-Helden sind mit Enthusiasmus dabei.

**Besonders gefährlich:** Junge Mütter. Die haben die fieseste Munition in ihren zerbeulten Kinderwägen versteckt: volle Windeln. Gerne auch tagelang in der prallen Sonne liegengelassen, damit das Aroma ideal zur Geltung kommen kann. Viele Discounter und Supermärkte können sich die Tage zuvor (besonders in der letzten Nacht vor dem Duell) die Müll-Abhol-Gebühren sparen. Dutzendweise werden Abfall-Container geplündert …

**Die Munition:** Neben vollen Windeln sind besonders verfaultes Gemüse, Mehl (mit einem Schuss Wasser hinterher, damit's besser am Gegenüber kleben bleibt), originelle Wurfgeschosse wie beispielsweise Eierkatapulte, Wasserbomben und allerlei feuchte Kampfmittel wie nasse Küchentücher etc. beliebt. Und eine gehörige Portion Humor, Selbstironie und Chuzpe.

**Wieso das Ganze:** Die „Wasser-Armee Friedrichshain" und der „Freie Kreuzberger Heimatschutz" (neben anderen streitsüchtigen Parteien) rufen alljährlich zum Kampf gegen den angrenzenden Nachbarbezirk auf. Der Kampf tobt seit 1998, mit ein paar Unterbrechungen. Der Gaudi-Streit resultiert aus einer Bezirks-Reform Berlins, bei der die beiden Kieze in einen Bezirk zusammengelegt wurden. Friedrichshain liegt im Osten, Kreuzberg im Westen der ehemaligen Stadtgrenzen der einst geteilten deutschen Hauptstadt. Die beiden Kieze fanden die Zusammenlegung gar nicht lustig. Da politisch nichts an der Fusion zu ändern war, wurde sich eben bekriegt.

**Nachmacher:** In Hannover duellieren sich die Kieze Linden und Nordstadt bei einer Gemüseschlacht auf der Dornröschenbrücke; in Leipzig die Kieze Connewitz und Plagwitz auf der „toten Brücke!" des Schleußiger Weges.

**Drumherum ums Original:** Nach der Berliner Schlacht wird nicht zentral gefeiert, da jeder Kombattant schnellstmöglich den Weg unter die Dusche sucht. Ansonsten gilt: In Berlin wird immer – zu jeder Uhrzeit, an jedem Wochentag, überall – gefeiert. Das Areal um die Oberbaumbrücke stinkt noch Tage danach erbärmlich.

**Infos:** www.wasserarmeefriedrichshain.de (Wasser-Armee) bzw. friedlichshain.blogsport.de und www.xhain.info/wasserschlacht/ (Kreuzberger Heimatschutz). Immer im Sommer (zuletzt Juli).

## Weinschlacht – Rot gegen Rot, Promille gegen Promille, feuchte Verschwendung

Haro, Spanien

Rioja – ein spanischer Rotwein, ein spanisches Weinanbaugebiet, eine Brutstätte für die Schlacht „Promille gegen Promille".
Die „Batalla del Vin" ist ein friedliches Event, bei dem der „vino tinto" aus überdimensionalen Spritzpistolen, Stiefeln, Karaffen, Feuerwehrschläuchen, Eimern und sogar WC-Becken auf alles ergossen wird, was sich gerade vor Ort tummelt.

**Besonders lustig:** Zuerst wird jeder andere vollgesudelt, doch nach wenigen Minuten versuchen die Ersten (und bald jeder), die „edlen Tropfen" (naja) mit dem Mund aufzufangen. Feucht von außen und innen, sozusagen …

Jeder kann mitmachen – aber nur, wer mit lilarot-getränktem Hemd ankommt, darf anschließend auch an der Anschlussfeier teilnehmen. Ein offizielles Startzeichen gibt es nicht. Einer fängt an, alle anderen ziehen nach!

40 000 Liter Wein verwandeln das Schlachtfeld in einen stinkenden, glitschigen Morast. Würde es sich hierbei um „Mouton Rothschild 1945" – den teuersten Rotwein der Welt, 22 650 Euro die 0,7-Liter-Flasche – handeln, würde bei der Schlacht über eine Milliarde Euro versickern. Egal. Aber auch, wenn der Liter weniger als einen Euro kostet, gehen ein paar Kleinwagen dabei drauf (oder zigtausend leckere, in Rotwein eingelegte Braten).

**Wann:** Die Wein-Schlacht findet gleich zweimal im Jahr statt: St. Peter und Paul im Juni und am ersten September-Sonntag. Alle Teilnehmer müssen weiß gekleidet sein, damit jeder die Auswirkungen der Wein-Orgie von Weitem erkennt (rosa bis lila gefärbte Hemden).

**Lange Vorgeschichte:** Im 13. Jahrhundert soll ein Geistlicher die zwei verfeindeten Orte Haro und Miranda de Ebro gezwungen haben, zweimal pro Jahr einen gemeinsamen Gottesdienst auf dem nahegelegenen Hügel abzuhalten. Das wollte keiner. Und da man nichts Besseres zum werfen hatte, musste das spanische Grundnahrungsmittel dran glauben. Danach kehrte die Ruhe vor dem Sturm ein – die Waffenruhe hielt laut Überlieferung einige Jahrhunderte – bis im 19. Jahrhundert ein neuer Streit (wegen alten Schläuchen) entbrach. Sie bespritzten sich abermals mit Wein – aus Tradition bis heute noch.

## Fiesta del Agua y del Jamón – Schinken?

Lanjarón, Spanien

Wie üblich, drehen die Spanier in Gedenken an einen Heiligen durch – beim „Wasser- und Schinken-Fest" in Lanjarón in der andalusischen Provinz Granada ist es San Juan Batista.

**Wann & Was:** Jedes Jahr vom 23. auf den 24. Juni tanzen Tausende durch die Straßen des Ortes – nackter Oberkörper, laute Musik und viel Alkohol sind Pflicht. Dann kracht ein Böllerschuss um Mitternacht durch die schwül-heiße Luft, und der nasse Wahnsinn bahnt sich seinen Weg …

**Los geht's:** Von überall her „regnet" es: Von Balkonen wird eimerweise Wasser auf die Menschenmasse geschüttet, auf den Straßen ist quasi jeder mit Wasserpistolen oder wuchtigen Geschützen bewaffnet. Das flüssige Gut – Lanjaróns Bedeutung wurzelt vor allem in seinen üppig sprudelnden Wasserquellen – wird mit allen Mitteln „verteilt". Mehrere Millionen Liter landen auf den Straßen, Gesichtern und der spanischen Seele. Nach einer Stunde ist Schluss mit dem feuchten Spaß. Pünktlich um 1 Uhr nachts kracht ein zweiter Böllerschuss, das offizielle Schluss-Signal.

**Aber es geht weiter:** Danach gibt's zur Stärkung den einheimischen Schinken. Doch der hat bei dem Fest – außer in der Namensgebung – eine eher untergeordnete Rolle. Aber er schmeckt lecker. Am besten in Kombination mit leckerem Vino runterschlucken. Wasser hatte man ja genug …

**Übrigens:** Das in Spanien beliebte Mineralwasser „Lanjarón" (sin gas, also ohne Kohlensäure) kommt aus den Quellen des Kurortes.
Offizielle Website des Festivals:
www.sanjuanenlanjaron.com

## Schneeballschlacht-Weltmeisterschaft

Winterberg, Deutschland

Es geht um Feuerkraft mit gefrorenem Wasser: Bei der Schneeballschlacht-WM im sauerländischen Winterberg zählt jeder Treffer! Die Teilnehmer treten in Dreier-Gruppen an, die Gesamtanzahl ist recht übersichtlich. Weh tut's trotzdem. Wer schon einmal einen festgedrückten Schneeball auf die Nase (oder jeden anderen Teil des Körpers) bekommen hat, kennt das Folgende: Aua! Aber er kennt auch das hier: Dem zeig ich's!

**Regeln:** Zwei Teams treten gegeneinander an. Zwei Mal drei Minuten dauert der weiße Beschuss, es geht neben Schnelligkeit und Treffsicherheit vor allem um Ausdauer.

Denn nach den insgesamt sechs Minuten Nonstop-Angriff werden oft die Arme schwer (Handballer sind übrigens schwer im Vorteil). Gespielt wird nach dem K.o.-System, auch Streifschüsse gelten als Treffer. Jeder Spieler trägt Schutzbrille, Helm und Handschuhe. Die Arena misst zehn auf fünf Meter, die Kombattanten stehen sich wie beim Duell gegenüber. Punkte gibt's auch für skurrile Kostüme (beispielsweise Tüllröckchen).

**Tipp:** List und Täuschung sind gefragt. Antreten darf man übrigens in jedem nur erdenklichen Outfit – auch mit Shorts und oben ohne.

**Wann & Wo:** Immer in Winterberg (www.winterberg.de), immer im Februar/März (siehe offizielle Website: www.schneeball-schlacht.de). Startgebühr 20 Euro pro Team. Bewerbung siehe Website – je origineller die Bewerbung übrigens ausfällt, desto höher die Aufnahme-Chancen!

**Nicht ganz unwichtig:** Betrunkene Teams können ausgeschlossen werden. Aber: Wer nicht direkt am Wettbewerb teilnehmen kann/darf/will/soll, kann sich beim Speed-Werfen am Spielfeld-Rand beweisen: Innerhalb von 30 Sekunden muss man so viele Treffer wie möglich auf eine 7,5 Meter entfernte Zielscheibe verbuchen. Der Gewinner bekommt Bier in rauen Mengen.

## Weiße Revolution – Mehlschlacht in Alicante

Ibi, Spanien

Feuerlöscher, die anstatt Löschflüssigkeit Mehl versprühen, ein Kampf von Ehrenmännern gegen Ehrenmänner. Jedes Jahr am 28. Dezember liefern sich Vermummte in dem kleinen spanischen Städtchen ein weißes, staubiges Duell – symbolisch um die Regierungsgewalt.

**Die Waffen:** Nicht nur Mehl, sondern auch Eier und sogar kleine Rauchbomben werden geschleudert. Überall „Nebel", überall Qualm, überall knallt es. Der Kirchenvorplatz gleicht einem apokalyptischen Schlachtfeld.

**Los geht's:** Teilnehmen dürfen nur verheiratete Männer, und nach einer Stunde wird traditionell Frieden geschlossen. Der „Día de los Santos Inocentes" (Tag der unschuldigen Kinder) ist – wie auch nicht anders zu erwarten – ein religiöses Fest. Die geschichtlichen Hintergründe sind unklar.

**Geldgierige Kämpfer:** Die „Els Enfarinats" (etwa „Die mit Mehl Gepuderten") treiben Steuern bei Geschäften und Banken ein, die aber nicht für noch mehr Mehl, sondern später für wohltätige Zwecke ausgegeben werden.

**Tipps:** Vorsicht mit offenem Feuer oder gar kleinen „Brandbomben". Die können im Zusammenhang mit Mehl und Luft zu großen Verpuffungen – also Explosionen – führen! Etwaige Rauchbomben sind Marke Eigenbau, aber ohne gefährliche Explosionsstoffe.

Wie viel hunderte Kilo Mehl hierbei verpulvert werden, ist nicht bekannt. Auf jeden Fall sieht es nach der Orgie aus, als ob die Lagerhallen des Medellín-Kartells explodiert wären. Aber danach kommen ja immer die Reinigungstrupps!

**PS:** Unverheiratet? Eine weitere Mehlschlacht finden Sie unter „Was sonst noch so abgeht" im Anschluss an dieses Kapitel. Dabei kann jeder teilnehmen.

## Segnen, schleudern, glücklich sein – das Farbenfestival

Indien, diverse Orte

Sieht aus, als ob auf dem badischen Land Fastnacht gefeiert wird: Die Menschen sind glücklich, schleudern sich Trockenfarbe ins Gesicht und werden dadurch noch glücklicher. Doch nicht im eisig-sonnigen Süden Deutschlands wird gefeiert, sondern fast überall in Indien: Es ist Zeit für Holi, das Farben-Festival.

Was beginnt wie ein normaler Tag, endet im farblichen Fiasko: Menschen gehen zur Andacht. Sie haben kleine, bunt-gefüllte Beutel dabei. Danach gehen sie auf die Straße – und kurz danach sehen sie aus wie Vorschulkinder bei der Bastel- und Malstunde. Irgendwann werfen dann Tausende gefärbtes Wasser oder gefärbtes Puder (Gulal) aufeinander. Das macht nicht nur Spaß, sondern soll neben Freude vor allem Glück bringen.

**Was geht ab:** Einfach der Menschenmasse zu einer heiligen Stätte folgen, Segen des Geistlichen abwarten, dann raus auf die Straße und loslegen. Es gibt keinen „Startschuss". Möglich, dass Sie das erste „Opfer" der bunten Attacke sind, wenn Sie aus einem der Tempel kommen. Traditionell wird die Munition zuvor von einem Priester gesegnet, man überbringt dabei gute Wünsche für die Zukunft (Ausruf: „bura na maano Holi hai", international am besten „Happy Holi" grölen).

**Historisches:** Das Festival steht für den Sieg von Gut über Böse. Das Spektakel beginnt mit der Entzündung eines großen Scheiterhaufens (ähnlich dem Ende der europäischen Fastnacht).

**Wo & Wann:** Das Fest der Farben wird am Vollmondtag im Februar/März zelebriert, die Hochburg liegt im Norden des Landes. Das Frühlingsfest dauert zwei Tage bis über zwei Wochen (je nach Region). Touri-Schleuderer müssen nicht in große Metropolen gehen, am besten sind die Schlachten in den kleinen Dörfern (auch die Gastfreundlichkeit ist dort um einiges untouristischer, aber mancherorts werden Holi-Touristen auch skeptischer angeguckt).

**Reisetipp:** Ahmedabad (Gujarat) – hier wird traditionell Buttermilch an Seilen über die Straßen gehängt. Junge Männer versuchen mit Menschen-Pyramiden diese zu ergattern, während junge Frauen Farbbeutel auf sie werfen. Sehenswert und lustig (trotz penetrantem Mädchen-Gegacker).

**Offizielles:** Ein Festival, eher geeignet für Leisetreter und solche, die Religion und Tradition respektieren. Für eingefleischte Partygänger ist Indien ohnehin nicht die erste Adresse. Nähere Infos zu den Daten und den einzelnen Regionen bzw. Festival-Gestaltungen unter der Website www.holifestival.org.

## Was sonst noch so abgeht ...

Mehliges Vergnügen auch in Galicien (Spanien), beim **„Domingo Farineiro"**: Am dritten Sonntag vor Fastnachtsbeginn darf hier geschleudert werden. Und zwar nicht nur Verheiratete, sondern wirklich jeder. Immer im Februar.

Oder: Die **Mehlschlacht** am Rosenmontag in Galaxidi (Griechenland).

Eine weitere, wenn auch kleinere **Wasserschlacht** gibt's im Rahmen des „San Fermin"-Festes (bekannt durch das alljährliche Stiertreiben) in Pamplona. Das sogenannte „Chupinazo" markiert den offiziellen Startschuss der Festlichkeiten. Von Balkonen und aus Spritzpistolen wird gefeuert.

Auch gut (und für eine Menge Liebeleien verantwortlich): Die **„Hammer-Schlacht"** im portugiesischen Porto. Hier sind Singles mit kleinen Plastik-Hämmerchen bewaffnet beim Sao Joao Festival (Juni) unterwegs, um sich gegenseitig auf den Kopf zu hauen. Bedeutet in etwa so viel wie: Ich mag dich, ich pass' auf dich auf.

Zückt die Kissen, fertig, und drauf mit Schmackes. Eine **Kissenschlacht** muss nicht erklärt werden. Nur einmal im Jahr, da findet sie weltweit (und zeitgleich) auf den Straßen der Großstädte statt. Der „Internationale Kissen-Schlacht-Tag" ist ein Flash Mob, jedoch im Internet „organisiert" und übersichtlich nach Land, Stadt, Ort geordnet (www.pillowfightday.com).

# FÜR HARTE KERLE

Dieses Kapitel ist für die Härtesten der Harten. Und natürlich auch Frauen, die sich für Nichts zu schade sind, einstecken können, für den Sieg alles geben. Sie glauben, Sie haben das Zeug dazu? Die Wettbewerbe sind kein Zuckerschlecken, es geht ans Eingemachte! Auf einem Parcours müssen Sie sich durch Dreck und Schlamm wälzen, ein anderes Mal haben Sie nur mit einer Frau auf dem Buckel eine Chance auf den leckeren Preis – das Gewicht Ihrer Partnerin in Bier!

Sie müssen durch eisige Tümpel waten, fiesen Fallen ausweichen, Hindernisse erklimmen, einen steilen Berg runterrollen. Oder Sie haben nur noch Ihre Kleidung am Leib – und sind auf der Flucht aus dem Gefängnis, gejagt von der echten Polizei (falls Sie nicht in Form sind).

Das wartet auf Sie: viel Dreck, eine Unmenge Testosteron (manchmal gepaart mit einer stattlichen Fahne), eine Unterkühlung oder ein Hitzeschlag sowie mitunter ein stattlicher Laib Käse.

Bei den nachfolgenden Festivals zählt neben Standfestigkeit, Ausdauer und (meistens zumindest) Training vor allem eiserner Wille. Bei einigen können auch ungeübte Draufgänger sich versuchen, bei anderen wiederum haben nur erprobte Sportler eine Chance zu gewinnen. Aber – denn sonst wären die Wettbewerbe nicht in dieses Buch aufgenommen worden – jeder kann daran teilnehmen. Denn eigentlich geht es dabei nicht um den Sieg, sondern darum, die Tortur überlebt zu haben.

Bei diesen Festivals kam noch niemand im Sarg zurück, und Sie wollen doch nicht der/die Erste sein! Oder? Also nichts wie hin! Zeigen Sie allen, was Sie auf dem Kasten haben! Denn wie im echten Leben heißt hier das Motto: Man wächst mit seinen Aufgaben. Und das gilt nicht nur für die Leber ...

## Und ewig bockt das Weib ... bei der Meisterschaft im Frauen tragen!

Sonkajärvi, Finnland
Newry (Maine), Monona (Wisconsin), Marquette (Michigan), USA
Singleton, Australien
Väike-Maarja, Estland

Über die Schwelle tragen war einmal, denn hier geht es um eine Menge Manna: Beim „Wettkampf im Frauentragen" winken dem Gewinner(paar) ein Pokal und das Gewicht der holden Dame in Bier (zumindest beim Original-Festival in Finnland)!

**Und ab dafür:** Der Parcours, den Sie und Ihre Auserwählte bewältigen müssen, ähnelt einer Ehe: Bergauf, bergab, durch schlammige Niederungen und unerforschtes (nass-forsches) Terrain. Und das erwartet die „Eheleute": Die Länge der Strecke misst gut 250 Meter, es geht durch Sand, Gras und Schlamm. Es gibt drei Hindernisse – eines davon ist ein Schlammloch (ein Meter tiefes Wasser müssen Sie durchqueren).

**Die Regeln:** Die Frau muss über 17 Jahre alt sein, mit dem Träger verheiratet sein oder zumindest mit seinem

Nachbarn – oder ihren „Mann" wenigstens irgendwo zuvor kennengelernt haben (gilt auch 5 Minuten vor Start). Und die Dame muss mindestens 49 Kilo auf die Waage bringen. Falls nicht, wird ihr ein Rucksack mit Gewichten aufgebürdet. (Die Statuten wurden mittlerweile durch das „Wife Carrying Competition Rules Committee" als weltweite Standards festgelegt.)

**Die einzige Auflage:** Die holde Weiblichkeit muss einen Helm tragen – und falls sie von ihrem Träger fallen gelassen wird, gibt's 15 Sekunden Zeitstrafe.

**Die Punktevergabe:** Neben dem schnellsten Paar werden auch das lustigste, das am originellsten kostümierte und der stärkste Träger ausgezeichnet.

**Wie pack ich sie am besten:** Es gibt drei offizielle Wettkampf-Arten: Estonian-Style (Schenkel der Frau über die Schultern des Mannes, der Frauenkörper liegt dabei mehr oder minder auf dem Rücken des Trägers), Feuerwehrmann-Stil (über die Schulter geworfen) oder schlicht huckepack.

**Historisches:** Das Ganze hat seinen Ursprung in der glorreichen Geschichte Finnlands. Überlieferungen zufolge raubten Männer die Frauen eines Dorfes (wenn auch wohl mehr im Sinne eines Gaudi-„Diebstahls"). Der Rest ergab sich von Jahr zu Jahr von selbst. Die Sportart, in der Landessprache „eukonkanto" genannt und mittlerweile rund um den Globus praktiziert, hat es sogar als eigene Sport-Kategorie ins „Guinness Buch der Rekorde" geschafft. Selbst Promis wie Spitzen-Sportler Dennis Rodman haben an der nordamerikanischen Meisterschaft teilgenommen.

**Original und Kopien:** Viele der Teilnehmer der außerfinnischen Wettbewerbe finden sich zur echten Meisterschaft in Finnland ein. Diese findet im Oktober statt, ein fixer Termin existiert nicht.

Viele der Sieger nehmen nach der Teilnahme an Wettbewerben in Nordamerika, Australien oder Estland beim Original in Finnland teil.

**Gebühr & Auslands-WMs:** Die Teilnahmegebühr beträgt 50 Euro. Weitere Infos – auch zu den „ausländischen" Meisterschaften – im Netz unter www.sonkajarvi.fi (rechts oben ein Button, nicht zu verfehlen).

**Und sonst:** Für Party-Reisende ist die Fähre beziehungsweise der Transit- oder Duty-Free-Bereich des Flughafens essenziell! Warum? Alkohol! Denn in Finnland sind die „Sprit"-Preise in etwa doppelt so hoch wie im Rest von Europa. Zigaretten kosten in etwa 4 Euro.

**Drumherum ums Original:** Die Gemeinde Sonkajarvi hat knapp 5000 Einwohner, liegt ziemlich in der Mitte des Landes. Es gibt dort Ferienwohnungen und Bed and Breakfast, sonst eigentlich nichts Erwähnenswertes zum Ausgehen, Shoppen oder Erleben. Also am besten mit dem Auto anreisen, um den Rest des Landes erkunden zu können.

## Tough Guy Race - nur die Hälfte kommt unbeschadet durch die Felder des Todes

Wolverhampton, England

Ein Wettkampf-Highlight des britischen Eilands: Sie müssen unter Stacheldraht kriechen, durch Matsch und eiskalte Tümpel robben und dann die Felder des Todes überleben – das Tough Guy Race (in etwa „Rennen für harte Jungs") in den englischen West Midlands ist eine

Mordsgaudi für Hartgesottene. Doch von den rund 6000 Startern jedes Jahr kommt noch nicht einmal die Hälfte ins Ziel ...

**Darum geht's:** Das Training, alle Quälerei – nur, damit Sie vor Ihren Kumpels mal richtig protzen können. Denn einen tollen Preis (außer einer Medaille) gibt es nicht. Alle Einnahmen des Events werden wohltätigen Zwecken gespendet. Jeden fünften Sonntag im Januar rotten sich tausende von harten Jungs in der Nähe von Birmingham auf einem etwa 150 Hektar großem Grundstück zusammen, um ihrem Ruf gerecht zu werden. Der Hindernis-Parcours ist rund zwölf Kilometer lang. Sie können alleine als Kämpfer oder mit Kumpels im Team antreten.

**Es geht los:** Zu Beginn des Rennens, in Tradition des schwarzen britischen Humors oder der Armee, müssen Sie ein „Death Warrant" unterzeichnen. Hiermit versichert der Teilnehmer, falls er sterben sollte, selbst dafür verantwortlich zu sein. Bislang gab es noch keine Toten.

Nach einem Massenstart gegen 11 Uhr am Vormittag müssen Sie zuerst durch unwegsames (aber vergleichsweise harmloses) Gelände, nach einem Berg-rauf- und Berg-runter-Slalom sowie weiteren Schikanen stürmt die Meute – manche Teilnehmer sind wie zu Karneval verkleidet, denn der Wettbewerb trägt jedes Jahr ein anderes Motto – auf die „Killing Fields" zu. Auf den Feldern des Todes warten 21 Hindernisse: Jeder harte Junge muss unter 50 Zentimeter über dem Erdboden befestigtem Stacheldraht robben (bei den britischen Witterungs-Verhältnissen selbstredend: durch Matsch), aber auch unter einem (geladenen) Elektrozaun hindurch, in eiskalten Tümpeln tauchen, irgendwo hochklettern und sich anderswo wieder abseilen – und schließlich durch brennende Heuballen hechten!

**Regeln:** Nicht abkürzen, nicht schummeln, nicht schubsen – das genaue Reglement findet sich im Netz, es ist verbindlich. Wenn Sie die Tortur überstanden und hinter sich haben, sollten Sie „Yohimbe" schreien. Bloß nicht „Hoo-yah", wie es die Navy Seals tun. Deren Grinder-Parcours in den USA wird als eine Art Konkurrenz verstanden.

**Tipps:** Der Wettbewerb wird dank Medieninteresses auch über die Grenzen immer bekannter und beliebter. Deshalb unbedingt frühzeitig anmelden im Internet unter www.toughguy.co.uk, sonst können Teilnehmer aus Platz- und Kapazitäts-Mangel abgewiesen werden.

**Historisches:** Billy Wilson, ein Mitglied der königlich britischen Grenadier Guards, soll das Tough Guy Race entwickelt haben (ungesicherten Quellen zufolge plante er Trainingscamps für Elitetruppen der Infanterie).

**Wo, Wann & Wer:** Mitmachen kann jeder. Das Ganze dauert rund eineinhalb Stunden (für fitte Läufer). An der Strecke stehen Marshalls und Sanitäter (die im Akkord arbeiten müssen). Dennoch gilt: Man muss unbedingt körperlich wie auch geistig den Strapazen gewachsen sein, warnen die Veranstalter. Die Teilnahmegebühren (ab 80 Euro) gehen wohltätigen Verbänden zu (u.a. Mr Mouse Farm for Unfortunates, eine Tierschutzorganisation, die sich um alte Pferde, Wildtiere etc. kümmert).

**Drumherum:** Die Stadt Wolverhampton hat rund eine Viertelmillion Einwohner (die Glitzer-Rockband Slade hat hier ihre Wurzeln) und ist etwa zwei Autostunden von London entfernt. Ansonsten bietet Wolverhampton viele urige Pubs, in denen nach dem Lauf gemeinsam gefeiert wird.

## StrongmanRun – wie in der Werbung

Weeze, Deutschland

„Sind sie zu stark, bist du zu schwach" – Fishermen's Friend hat gemäß seinem PR-Motto einen Hindernis-Lauf für „harte Männer" ins Leben gerufen, mit tausenden von Läufern.

Das stillgelegte Militärareal am Niederrhein – eine Air Force Base nahe der holländischen Grenze – sieht jedes Jahr anders aus, das heißt: Es gibt keinen „Heimvorteil" für Stammgäste des Rennens. Wenn Sie zum ersten Mal teilnehmen möchten, haben Sie also keinen Standort-Nachteil: Der Parcours wird jedes Jahr gepimpt und verändert.

**Die Strecke:** 18 Kilometer (zwei Runden à 9 Kilometer) querfeldein, über Hügel, durch schlammigen Morast, über fiese Hindernisse. Auf Sie warten Bunker, schmale Löcher zum Durchrobben, Schürfwunden, Kratzer, Schmerzen und Kälte. Jeder, der die Tortur übersteht, hat sich seine Finisher-Medaille redlich verdient. Zu gewinnen gibt's nix außer Ruhm und Ehre.

**Wichtiges:** Tausende aus aller Welt nehmen teil. Das Rennen ist auf 8000 StrongmanRunner begrenzt. Es gilt: Melden Sie sich frühzeitig via Website an – sonst können Sie nur noch auf eine Wildcard hoffen. Das Rennen 2010 war binnen 10 Tagen „ausverkauft". Durch die optimale Anbindung an den Airport Weeze (www.airport-weeze.de, Billigflieger) werden Teilnehmer und Zuschauer jedes Jahr internationaler.

**Wann & Wieviel:** Die Termine sind unterschiedlich, zumeist im April. Erschwingliche Startgebühr (unter 50 Euro – Preise können sich aber ebenso ändern wie die Strecke). Offizielle Infos, Anmeldung und Bilder unter www.fischermansfi-rend.de/strongmanrun bzw.www.tiwtter.com/strongman.

## Cheese Rolling Championship – der Käse darf nicht entkommen!

Gloucestershire, England

Erwachsene Männer, Jagdinstinkt, ein steiler Hügel und riesige Käseräder: Die Meisterschaft im Käserollen ist eine

Mischung aus masochistischem Extremsport und Gaudi. Ziel ist es, schneller als das (danach nicht mehr ganz so) schmackhafte Käserad zu sein.

**Das Ziel:** Es geht um einen Gloucester-Käse-Laib (4 Kilo), um 50 Prozent Gefälle und um 200 Jahre Tradition. Am letzten Montag im Mai stürzen sich Briten und waghalsige Touristen unisono den Cooper's Hill in Brockworth (Grafschaft Gloucestershire, im Südwesten der Insel) hinunter. Einen meist glitschigen, unebenen, steilen Hügel – der Käse zumindest erreicht satte 110 Sachen. Das Gefälle wurde zuvor von Schmutz und Abfall gereinigt. Glassplitter-Wunden oder Ähnliches sollten also ausgeschlossen sein. Aber zumindest Schrammen trägt jeder Teilnehmer vom Abhang.
Klingt einfach? Dann probieren Sie's doch mal aus. Sie werden sich an dem steilen Abhang nicht auf den Beinen halten können – versprochen. Ihr Oberkörper wird schneller als Ihre Beine. Und falls Sie sich doch – wider Erwarten – beim Runterstürmen auf den Beinen halten können, werden sie eben von hinten von einem anderen überrollt, oder Sie stolpern schlicht und einfach über einen Kollateralschaden, der vor Ihnen zu Fall gebracht wurde.

**Und ab dafür:** Ein Zeremonienmeister mit weißer Weste und Zylinder läutet die Kugelei ein, mindestens ein A-, B- oder C-Promi (gerne auch international) ist meistens unter den ersten Läufern mit dabei.

**Kurze Historie:** Früher besagten die Spielregeln, der Käse müsse gefangen werden. Ein Ding der Unmöglichkeit, wie sich herausstellte. Sie müssen also nicht unbedingt vor dem Käse ins Ziel kommen, nur als erster der Teilnehmer. Wieso das Event überhaupt ins Leben gerufen wurde, ist unklar.

**Wer gewinnt:** Es gibt vier Rennen, der jeweilige Sieger darf die jeweilige Käse-Trophäe behalten, der Zweite kriegt 10 Pfund, der Dritte 5. Die Teilnahme kostet 5 Pfund (für den Parkplatz, wird gespendet).
Offizielle Website: www.cheese-rolling.co.uk

**Update:** Das Cheese Rolling sollte 2010 aus Sicherheitsgründen verbannt und geächtet werden, so die Idee mancher Beamter des Eilandes. Die Insulaner haben sich dem Beschluss nicht gebeugt, haben einfach ein inoffizielles Rennen gestartet. Engländer sind eben hartnäckig, was ihre Traditionen anbelangt. Ob das Verbot bald wieder gekippt wird – unklar.

## Highland Games: Starke Männer gesucht

Verschiedene Orte, schottische Highlands/Deutschland

Bärbeißige Männer, Kilts, Baumstämme und schwere Eisenkugeln: Die Highland Games sind ein Klassiker unter den „Ich hab' den Längeren"-Wettbewerben, um Manneskraft zu messen. Kein Wunder – die Spiele stammen aus dem Mittelalter.

**Historie:** Ursprünglich maßen schottische Clans bei den Wettkämpfen ihre Kräfte, damit sie sich nicht gleich gegenseitig abmetzeln mussten. Und, um die stärksten Männer des Landes zu finden, die Leibwächter des Königs werden sollten. Leibwächter werden heutzutage zwar nicht mehr gesucht, doch hier können Sie sich dennoch unter königlichen Augen beweisen!

**„Harte" Disziplinen:** Baumstammwerfen (bis zu 6 Meter lang, bis 60 Kilo schwer), Hammerwerfen (bis 10 Kilo), Gewicht an einer Kette schleudern (bis 25 Kilo), Steinewerfen (25 Kilo rücklings über eine Latte), Kugelstoßen (aus der Drehung oder aus dem Stand), Gewichtetragen (je 75 Kilo an jeder Hand), Heusack-Weitwurf mit Heugabel.

**„Weiche" Disziplinen:** Tauziehen, diverse Wettrennen (per pedes, auf dem Fahrrad), Zieltreffen mit einer Axt, oft auch Tanz- und Musik-Wettbewerbe (Dudelsack, Stepptanz). Auch Kinder sind beim Gros der Spiele gerne gesehene Teilnehmner.

Ein Schottenrock (Pflicht) kann geliehen werden, als Sieges- bzw. Teilnahmeprämie gibt es Whisky oder regionale „Leckerbissen" (Insel-Essen ist bekanntlich Geschmackssache).

**Wo und wann:** Termine in Schottland (100 verschiedene Games, beim bekanntesten in Braemar ist Queen Elisabeth II. Schirmherrin – und zumeist persönlich anwesend) finden sich unter www.albagames.co.uk, meistens am 2. Donnerstag im Juli. Termine in Deutschland unter www.hochlandspiele.de/highlandgames.

## Was sonst noch so abgeht ...

Beim **„Marathon des Sables"** (Sand-Marathon) geht es zu Fuß durch die Wüste: 6 Tage, 250 Kilometer durch die Sahara im Süden Marokkos, www.darbaroud.com.

Einige Klassiker unter den Schindereien seien auch kurz in Erinnerung gebracht, der Chronistenpflicht halber: Hochhaus-Läufe in Wien (Millenium Tower, 2500 Stufen), Sears Tower, Chicago (2100 Stufen – alle Stufen im Jogging-Tempo hoch), der Iron Man (geht wirklich nur mit harten monatelangem Training zuvor) und all die ganzen Marathon-Läufe, die es auf der Welt so gibt. Wechselnde Termine.

## Dartmoor Jail Break – Massenausbruch aus Insel-Kittchen

Plymouth, England

„The Great Escape", nur kleiner: (Unbescholtene) Männer in Sträflingsklamotten oder Verbrecher-Maskierung „brechen aus dem Knast aus". Und müssen so weit kommen, wie nur möglich. Oder sonst irgendeinen Rekord aufstellen.

**Es gibt Regeln:** Teilnehmer dürfen nicht für ihre „Ausbruchs-Reise" bezahlen, heißt: Sie müssen entweder schnorren, betteln – oder eben rennen, falls Sie bei irgendwas Unerlaubtem erwischt werden sollten. Sie können in Zweiergruppen oder mehr an den Start gehen, einzige Bedingung: Halten Sie sich an das geltende Gesetz.

**Das ging ab:** Bisherige Rekorde der flüchtenden „Knastis": Die weiteste Entfernung war Neuseeland, ein Team konnte knapp 32 000 Pfund sammeln, andere 22 Länder bzw. elf Berge bezwingen, 29 Radio-Interviews absolvieren, 160 Verhaftungen über sich ergehen lassen – und jetzt sind Sie dran!

Der Jail Break währt jedoch nicht ewig, Ihnen sind bei Ihrer Flucht Grenzen gesteckt: Laut Veranstalter haben die Ausbrecher „12, 24, 36, 48, 72, 96 oder 168 Stunden (eine Woche)" Zeit. In diese Kategorien werden die jeweiligen Leistungen eingestuft.

**Ausbrechen lohnt sich:** Die Hälfte der Einnahmen geht an wohltätige Einrichtungen. Seit 1984 wurden knapp 600 000 Pfund gespendet. Immer im Frühjahr (zuletzt April). Offizielle Website: www.dartmoorjailbreak.co.uk.

# GEFÄHRLICH & BLUTIG

Sie rennen mit Bullen. Sie schlagen sich um einen Sandsack. Rasen auf einem Baumstamm den Berg hinunter. Sie haben danach garantiert blaue Flecken, eventuell gebrochene Knochen. Wenn gefährlich draufsteht, ist auch gefährlich drin: Diese Festivals enden oft blutig. Sie resultieren aus Traditionen, aus uralten Bräuchen, zementierten Rivalitäten. Eigentlich sind diese Festivals nur bedingt zur Nachahmung empfohlen – dennoch sind sie in der ganzen Welt bekannt, sogar von der breiten Öffentlichkeit geachtet. Es heißt: Wer dem Tod ins Auge blickt, lernt das Leben besser schätzen. Wir lassen das mal so dahingestellt.

Die kurze Sammlung der Festivals hier ist zum einen der Chronistenpflicht geschuldet, zum anderen der Neugierde, die in uns allen wohnt. Von diesen Events kommen Sie mindestens mit mehr oder minder schweren Verletzungen wieder nach Hause. Leichtsinnige kommen gar nicht mehr zurück ... Zu gewinnen gibt's meistens nichts. Bei einigen ist selbst die bloße Anwesenheit gesundheitsschädlich. Die Teilnahme erfolgt auf Ihre eigene Gefahr!

## Das Stierrennen von Pamplona – die gefährlichste (legale) Mutprobe der Welt

Pamplona, Spanien

Blut, Knochenbrüche, Tod – das Stierrennen im nordspanischen Pamplona ist nicht nur für die durch die Gassen getriebenen Stiere „gefährlich". Es ist aber wohl die legalste (und die von der spanischen Tradition neben dem Stierkampf an sich am meisten geschützte) Mutprobe der Welt.

Touristen von überall her strömen jedes Jahr zur „Sanfermines", dem kulturellen und kirchlichen Fest in der baskischen Hauptstadt der autonomen Region Navarra (Pamplona auf Baskisch: Iruñea bzw. Iruña). Die Abenteurer kommen aber meist nur aus einem Grund: der Encierro! Dem gefährlichen Stierrennen, über das Filme gedreht, Bücher geschrieben wurden und Legenden erzählt werden.

**Das kommt auf Sie zu:** Täglich um 8 Uhr morgens geht vom 6. bis 14. Juli die Hatz ab. Knapp 850 Meter weit werden sechs Stiere (und einige Ochsen mit Kuhglocken) vom Startpunkt Santo Domingo aus in die Stierkampfarena Plaza de Toros getrieben – und vorneweg die Menschenmassen (traditionell weiß gekleidet mit rotem Halstuch und roter Schärpe). Das Ganze dauert in etwa vier Minuten. Nach dem Rennen werden die Stiere im Rahmen einer Corrida (Stierkampf) getötet. Ihr Fleisch wird anschließend verkauft und für Tapas verwendet. Sie können Ihren Albtraum nach dem Schock also sogar aufessen …
2000 Teilnehmer rennen werktags durch die Altstadt Casco Viejo, 3500 an den Wochenenden. Zum Start ertönt ein Böller-Schuss (insgesamt vier Stück bis zum Schluss).

Zwischen 200 und 300 Läufer werden jedes Jahr verletzt, drei Prozent davon schwer. Seit 1900 kamen 14 Menschen ums Leben – die meisten wurden von Hörnern aufgespießt oder von Hufen tot getrampelt (Stand 2007).

**Tipps:** Die Organisatoren (und jede vernünftig funktionierende Gehirnwindung) verbieten, betrunken mitzulaufen – also auch nicht nach einer durchzechten Nacht antreten. Falls Sie beim Lauf auf den Boden fallen (und das ist gar nicht selten) – liegenbleiben! Neben den Tieren (bis zu 700 Kilo wiegt ein Vieh) ist es weniger gefährlich als davor. Wenn Sie in der Stierkampfarena angelangt sind, müssen Sie sofort das Feld räumen. Die Stiere sind schnell – 25 Kilometer pro Stunde (wie ein Mofa)! Mindestalter 18 Jahre. Keine Schwangeren. Kein Rückwärtslaufen.

**Historisches:** San Fermín ist ein spanischer Heiliger (aber nicht etwa der Schutzheilige von Pamplona oder von Navarra). Das Stiertreiben diente im Mittelalter dazu, die Schlachttiere vom Metzgerburschen zum Markt zu treiben. Es wandelte sich zum festlichen Spektakel, da immer mehr Menschen bei der Stierhatz „helfen" wollten. Bekannt wurde das Spektakel vor allem durch den Roman „Fiest" von Ernest Hemingway, der selbst an den Rennen teilgenommen hatte. Der Schriftsteller wurde sogar mit einer Statue am Paseo d'Hemingway vor der Stierkampfarena geehrt. Er kam übrigens nicht bei einem Lauf um, sondern erschoss sich.

**Interessantes:** Barrikaden und Holzpalisaden säumen die Strecke – aus Sicherheitsgründen. Falls Sie nur zuschauen möchten, sollten Sie allerdings bereits spätestens um 6.30 Uhr dort sein, um einen der kostenlosen Zuschauer-Plätze zu ergattern. Tickets für die Stierkampfarena kosten etwa 5 Euro. Zudem: 12 TV-Kameras übertragen das Spektakel jeden Tag live im Fernsehen.

**Indigenes Gucken:** Außerdem bieten Einheimische an, das Rennen von ihrem Balkon aus zu glotzen (gegen einen Obolus von rund 30 Euro). Einfach klingeln – oder vorab im Internet „inserieren".

**Drumherum:** Nach dem Abschlachten der geschundenen Tiere findet eine Prozession mit übergroßen Papp-Köpfen und -Figuren (bis zu vier Meter hoch) statt. Am 7. Juli gibt's einen großen und vor allem farbenprächtigen Umzug. Jeden Abend Live-Konzerte, Feuerwerke und zig Veranstaltungen in der Altstadt.

**Wo, Wann & Wer:** Mitmachen kann prinzipiell jeder, dennoch gilt: Sie müssen sprinten können und über einen guten Gleichgewichtssinn verfügen. Pamplona (knapp 200 000 Einwohner) liegt im nördlichen Spanien und hat einen eigenen kleinen Flughafen (acht Kilometer außerhalb der Stadt). Am besten per Flieger via Barcelona bzw. Madrid (Iberia, SpanAir) oder über Lissabon (TAP). In der City gibt es verhältnismäßig viele Hotels – dennoch unbedingt einige Monate im Voraus reservieren!

## Einfach mal ausprobieren?

Die folgenden „Brauchtümer" sind nur etwas für die ganz harten Burschen – denn hier dürfen Sie offiziell gar nicht teilnehmen. Doch immer wieder schleichen sich Schlachtenbummler in die Menge, mischen mit, und kriegen mitunter eine gehörige Tracht Prügel dafür.

Dies ist eine Warnung. Trotzdem: Macht irgendwie schon Spaß ...

## Shrovetide Football – 14 Stunden Massenkeilerei mit einer Regel: Keine Toten

Ashbourne, England

Die Briten sollen bekanntlich den Fußball erfunden haben, das Inselvolk ist unbestritten Herr des Rugby. Das Shrovetide Match ist die perfekte Fusion dieser beiden Sportarten. Das Spielfeld ist fünf Kilometer lang, geht quer durchs Dorf. Das Spiel ähnelt einer Massenkeilerei, bei dem definitiv Blut fließt. Selbst als Zuschauer ist man vor Dresche nicht gefeit.

**Das geht ab:** Im 6500-Seelen-Ort Ashbourne in der Grafschaft Derbyshire (East Midlands) treffen sich hunderte Spieler am Faschingsdienstag und Aschermittwoch vor dem Hotel Green Man am Marktplatz (www.gmrh.com). Jeweils 14 Uhr ist „Anstoß".

**So geht's los:** Ein Würdenträger wirft den Spielball in die wartende, johlende und meist betrunkene Menge, das Gerangel nimmt seinen Lauf. Ziel ist es, den Ball ins gegnerische Tor zu befördern. Das ist jeweils ein Mühlstein, den der Ball dreimal berühren muss, um als Tor zu gelten. Es spielen Up'ards gegen Down'ards, also Oberstädter gegen Unterstädter. Feuchter Höhepunkt ist, wenn im River Henmore um die Ball-Herrschaft gekämpft wird. Der knietiefe Fluss teilt die beiden Ortsteile.

**Eindeutige Spielregeln:** Ganz Ashbourne ist das Spielfeld, nur der Friedhof, Privathäuser und -gärten sind tabu. Ebenso nicht erlaubt: motorisierte Vehikel, Mord und Totschlag. Unnötige Gewalt gilt als „unfein", wird aber mit Inbrunst zelebriert (bedeutet: Schläge, Tritte, Kopfstöße). Wird vor 17 Uhr ein „Tor" erzielt, beginnt das Match erneut (höchstens bis 22 Uhr – dann wird abgebrochen). Falls erst nach 17 Uhr gepunktet wird, ist für diesen Tag Schluss.

**Touristen:** Besucher sind gerne beim Schläger-Spektakel gesehen, sollten jedoch einen gebührenden Sicherheitsabstand halten. Doch immer wieder mischen sich auch Außenseiter ins Spielgeschehen ein, was oft mit Schlägen (von beiden Seiten) belohnt wird. Auf keinen Fall sollten Autos auch nur in der Nähe des Dorfes geparkt werden. Pubs haben ganztägig geöffnet, Shops und Banken haben hingegen ihre Schaufenster verbarrikadiert.

**Historisches:** Das Derby (hieraus resultiert übrigens auch der Begriff von lokalen sportlichen Aufeinandertreffen, da das Match seine Wurzeln in der nahegelegenen Ortschaft Derby haben soll) ist unbestätigten Quellen zufolge bereits 1000 Jahre alt. Historiker nehmen an, dass der Ursprung des Spektakels in der britischen Hinrichtungstradition liegt. Damals wurde der abgetrennte Kopf eines Verbrechers zur Belustigung in die Menschenmenge geworfen.

**Randsplitter:** Der Ball ist mit Kork gefüllt, etwas größer als ein Fußball. Er wird von einem Künstler bemalt (das Motiv hält nie lange am Leder). Der Balleinwerfer ist immer eine bedeutende oder zumindest bekannte Person, unter anderem Prince Charles (2003). Er beförderte das Spiel kurzerhand in den Status des "Royal Shrovetide (Football) Match".

Weitere Infos zum Derby in Ashbourne unter www.ashbourne-town.com/events/football.html. Von Ashbourne nach London sind es mindestens zwei Stunden mit dem Auto. Ashbourne ist am besten zu erreichen über den Flughafen East Midlands (eastmidlandsairport.com, Derby). Ansonsten am besten über Glasgow, Edinburgh oder Belfast.

**Tipp:** Ein paar Tage Stadt vor und nach der Keilerei mitnehmen. Ein Kurztrip nach Manchester oder Leichester lohnt sich. Ashbourne hat relativ viele Pubs, ansonsten tote Hose.

## Ab in den Pub – Haxey Hood Massen-Rugby

Haxey, England

Tradition, Sport, Bier. England. Punkt. Männer kämpfen darum, in einen Pub zu taumeln. Mit einer Beute. Alle sind einem auf den Fersen! Und es macht unheimlich Spaß … Die Beute: Ein Hut. Eigentlich ein Lederbeutel, der zumindest einen Hut darstellen soll (siehe „Historie").

**So geht's los:** Zwei Dörfer treten in North Lincolnshire gegeneinander an: Haxey und Westwoodside. Um 12.30 Uhr eröffnet ein „Fool" (ähnlich einem Hofnarr) den Wettbewerb. Eine Prozession bahnt sich den Weg durch Haxey, man(n) darf jede Frau küssen, die am Wegesrand steht. Um 14.30 Uhr hält der Trottel eine Ansprache vor einer Kirche auf dem Feld zwischen den Dörfern – und wird danach (sinnbildlich) ins Feuer geworfen.

**Es wird ernst:** Nach einem traditionellen Vorgeplänkel wird der „Hut" (15 Uhr) in die Luft geworfen.

**Das Ziel:** Ihn in einen der vier Pubs (Carpenter's Arms, Duke William Hotel, The Loco, Kings Arms) zu bringen (dort bleibt er ein Jahr lang).

**Die Crux**: Man darf das Ding nicht werfen oder sich damit bewegen. Er muss sich (mit seinem Träger) durch die Bewegung der Menschenmasse in Richtung der Tränke bewegen – ähnlich einer Welle, die Strandgut anspült.

**Mitmachen:** Es gibt keine Teams, deshalb einfach rein in die Menge und mitdrücken. Im Gegensatz zum „Shrovetide" gilt hier jedoch, dass niemand verletzt wird. Fast gesittet, könnte man meinen. Wenn ein Teilnehmer einen Kreislaufzusammenbruch erleidet, ziehen ihn Helfer raus. Das Hin und Her kann bis in die Nacht dauern – bis der „Hut" in einem der Pubs angekommen ist. Dort gibt's dann endlich Freibier! Zu gewinnen gibt's nichts.

**Banale Historie:** Im 14. Jahrhundert soll einer englischen Lady, die gerade über die Felder bei Haxey ritt, der Hut vom Wind weggefegt worden sein. Bauern und sonstiges Gesindel machten sich auf eine haarsträubende Jagd nach der adeligen Kopfbedeckung, konnten das garstige Ding jedoch schnappen und zurückbringen.

**Der Mythos:** Als Dank – und weil sie die Hatz so lustig fand – stellte die Dame rund 50 000 Quadratmeter Land zur Verfügung. Unter einer Bedingung: Die Jagd soll jedes Jahr stattfinden. Laut Historikern soll das jedoch alles nur erfunden sein. Falls nicht: Haxey Hood wäre wohl die älteste britische kulturelle Tradition, die heute noch existiert.

**Wann & Wo:** Immer am 6. Januar (falls sonntags, einen Tag davor), immer am selben Ort. Infos unter www.wheewall.com/hood bzw. www.isleofaxholme.net/haxey-hood.html.

## Oder gleich Harakiri?

Alles gesehen, alles erlebt, been there, done that – gelebt, gelitten, später davon fabuliert?

Hier sind zwei Festivals, die mit Sicherheit noch NIEMAND, den Sie auch nur annähernd kennen, mitgemacht hat! Sie werden es auch nicht schaffen. Sie sind kein Japaner. Oder doch? Egal – was können Sie schon verlieren ... (Anm. d. Red.: ´ne Menge!)

## Brüche und Quetschungen inklusive – Baumstammrennen

Suwa, Japan

Eigentlich geht es lediglich darum, riesige Baumstämme talwärts zu bringen. Insgesamt 16 Stück werden benötigt, um vier verschiedene Schreine wiederzuerbauen. So viel zur Tradition.

**Die Praxis:** Eine knochenbrecherische Mutprobe für junge Männer.

**Was geht ab:** Halbstarke reiten auf den Bäumen (Onbashira = heilige Bäume), die über Feld, Geröll und Erde immer schneller Richtung Tal rutschen und sich dabei natürlich auch um die eigene Achse zu drehen beginnen. Die Baumstämme (1 Meter Durchmesser, 12 Tonnen schwer, 20 Meter lang) sind 200 Jahre alte Bäume.

**Hintergrund:** Bis zu 2 Millionen Menschen nehmen – über alle Tage verteilt – an dem Spektakel teil, allerdings als Zuschauer. Es soll bereits seit 1200 Jahren praktiziert werden.

**Wann & Wo:** Leider nur alle sechs Jahre, zuletzt 2010. Das Ganze dauert zwei Monate, April und Mai (fällen, zehn Kilometer an den Hang schleppen, runterrutschen, Schrein mit den Stämmen stützen), und findet am See Suwa in Nagano statt. Es gibt keine offizielle Website.

## Nacktes Japan – Hadaka Matsuri

Zugegeben, die Überschrift führt in die Irre. Es gibt nicht nur ein Hadaka Matsuri. Das Fest wird in mehreren japanischen Städten gefeiert, gleich mehrmals jährlich.

**Was geht ab:** Zwar nicht gänzlich nackt, aber lediglich mit einem traditionellen Lendenschurz (fundoshi) bekleidet, wabert die männliche Masse durch die Straßen. Alle vollgefüllt mit Sake (Reiswein), die Straßen voll mit Schaulustigen. Frauen sind nur als Zuschauer zugelassen.

Oft kommt es zu Raufereien – eine Mischung aus Trunkenheit und Übermut (von vor allem jungen Japanern). Haupt-Austragungsort ist Okayama (fast 10 000 Teilnehmer), auch Inazawa Stadt ist berühmt für sein Hadaka Matsuri.

Der „Nackte" ist das Zentrum des Events: Ein Mann in der Masse ist komplett nackt, komplett rasiert – und es soll Glück bringen, ihn zu berühren. Der Leidtragende trägt oft blaue Flecken davon, hat aber sonst die ganze Zeit über extremst gute Laune.

**Hintergrund:** Ein Ritus, sich rein zu waschen (geht am besten ohne Kleidung), böse Geister zu vertreiben, Glück zu erhaschen. Wasser dient der Reinigung (spirituell und körperlich). Ziel der Pilger ist der Schrein der Stadt. Dabei wird auch ein bunt verzierter Bambus-Baum durch die Straßen getragen. Der genaue Zweck ist unklar.

Hier darf sich auch noch (teilweise zumindest) ausgezogen werden:

Kanamara Matsuri (Penis aus Stahl-Festival)
Hounen Matsuri (Penis-Anbetung)
Danjiri Matsuri (Penis-Schrein-Anbetung)
Tenteko Matsuri (Penis-Attrappen am Gesäß)
Kanamara Matsuri (Transvestiten-CSD)
Ikenoue Misogi Matsuri
Tagata Matsuri

Welches Fest was bedeutet, wo und wann sie zelebriert werden, und noch viel mehr Nackte oder Penes (ja, das heißt wirklich so) gibt's unter www.univie.ac.at/rel_jap/alltag/bilder_hadaka.htm.

## Haarentfernung garantiert – Dosojin Feuer-Festival

Nozawa, Japan

Ein brenzliges Fest, Angreifer, Verteidiger, Scheiterhaufen – beim Dosojin Festival in Nagano (gegen böse Geister) wird geklotzt, nicht gekleckert, was Feuer anbelangt. Mitmachen ist nur bedingt geraten, außer, man ist ebenso verrückt wie die „Angreifer".

**Das geht ab:** Im Grunde simpel: Mehrere Angreifer (42-jährige, betrunkene Japaner) attackieren einen hölzernen Schrein, der von Einheimischen (25-jährige, betrunkene Japaner) verteidigt wird. Und zwar mit Feuersgewalt. Jeder hat brennende Fackeln in der Hand, versucht den Schrein in Brand zu setzen. Alles scheint zunächst harmlos, doch durch Sake und die Masse an sich wird aus der Tradition schnell ein brachialer Kampf. Schläge, Tritte, alles wird in Kauf genommen, um das Feuer zu legen. Viel Blut fließt.

**Teilnehmen:** Eigentlich nicht erlaubt. Doch im Tumult fällt keinem auf, ob nur Einwohner teilnehmen (Frauen sind übrigens strikt ausgeschlossen). Dieses Event ist nur für Hardcore-Festival-Gänger! Nach dem Kampf (dauert ca. eine Stunde) wird der „Schrein" angezündet. Keine offizielle Website.

# (WELT- UND JUX-)MEISTERSCHAFTEN

Sie sind der Überzeugung, Sie können länger in der Sauna sitzen als jeder andere?
Die ulkigsten Verrenkungen zu lauter Musik vor einem Massen-Publikum machen?
Den akrobatischsten Platscher mit einer Arschbombe landen?
Am meisten Hot Dogs und Hochzeitstorten futtern – oder furchtlos Bullenhoden in sich reinstopfen?
So viel Pot wie Sie lässt keiner in Rauch und Asche aufgehen?
Und sowieso: Sie können ohnehin länger Ihren Mann stehen als jeder andere?
Beweisen Sie es!

## Cannabis Cup – viel Rauch, viel Kohle

Amsterdam, Holland

„Viel Rauch um nichts" ist hier definitiv nicht das Motto: Beim jährlichen Cannabis Cup in Amsterdam geht es um die besten Marihuana-Gewächse und ein Hochgefühl für die Juroren. Das kann jeder werden.

**Was geht ab:** Eigentlich ist es eine große Messe für „Liebhaber von Marihuana". Doch die Kiffer-Olympiade findet nicht in muffigen Messe-Hallen statt, sondern in ganz Amsterdam. Wenn Sie als Juror mitmachen, können Sie Ihre Teilnahme-Karten in den einzelnen teilnehmenden Coffee-Shops abstempeln lassen, sich weiter zudröhnen und vor allem mit Ihresgleichen fachsimpeln. Dort geht es allerdings mitunter zu wie bei einer Wein-Verköstigung. THC-Experten analysieren Geschmack, Intensität, Wirkung und eigentlich alles, was ansteht. Laien-Experten werden übrigens schnell enttarnt, wenn das Gegenüber noch bei Sinnen ist. Falls Sie einer sind, keine Panik. Jeder Raucher ist willkommen.
Auch in den Messehallen (eigentliches Zentrum des Festivals) können Sie feines Dope aus aller Welt probieren und benötigen dafür noch nicht einmal einen Jury-Pass. Tausende „Probierer" sind jedes Jahr unterwegs, vor allem Studenten – die meisten aus den USA. Man erkennt sie an ihrem ungläubigen Gesichtsausdruck, wenn sie das ganze Gras sehen …

**Hintergrund:** Beim Cannabis Cup wird u.a. die beste Züchtung gesucht und prämiert. Mit diesem Gütesiegel kann ein Züchter dann neben dem Ruhm viel Geld einstreichen, wenn es um den Verkauf geht. Nicht selten sollen Jury-Mitglieder auch von Shop-Betreibern bestochen worden sein.
Auch der Staat verdient übrigens mit. Bis zur Hälfte streicht der Fiskus ein. In Holland ist der Konsum von kleinen Mengen Marihuana legal. Das Rauschmittel wird in Coffee-Shops (auch diese werden prämiert) verkauft. Initiator der „Messe" ist das Hanf-Magazin „High Times".

**Wann & Wer:** Immer am Erntedank-Wochenende. Um als Juror teilnehmen zu können, müssen Sie rund 250 Euro löhnen. Voranmeldungen im Internet bis ca. 1 Woche vorher unter hightimes.com/public/cancup. Bezahlt wird vor Ort – nur Euro, keine Kreditkarten oder Dollar. Das Festival dauert 5 Tage, im Juror-Pass enthalten sind Eintritt zu allen Konzerten, Seminaren, Ausstellungen, Bus-Shuttle, ein T-Shirt. Rekord war 2008 mit 2300 „Bewertern". Es gibt auch Eintageskarten (30 Euro), für Konzerte muss extra gezahlt werden. Es finden auch Rundgänge zu den besten Shops der Stadt statt.

**Nicht vergessen:** Personalausweis (U18 dürfen nicht rein) und Adresse des Hotels unbedingt immer dabei haben. Unnötiges im Hotel-Safe einschließen. Das beim Festival angebotene Marihuana hat üblicherweise eine stärkere Wirkung als „handelsübliches". Training kann also nicht schaden …

## Luftgitarren-WM – Schraddeln, bis die Luft qualmt

Oulu, Finnland

Männer werden zu Kindern, Frauen zu Bestien, Nerds zu Front-Säuen, Arbeiter zu Leadern, Nobodys zu Celebs. Auf Sie warten (nicht ganz) 15 Minuten Ruhm und ein johlendes Publikum. Nur mit dem Rücken sollten Sie keine Probleme haben.

**Was:** Ganz einfach: Rauf auf die Bühne, losrocken mit einer imaginären Gitarre in der Hand. Juroren beurteilen die Teilnehmer wie bei einer Tanz-Veranstaltung (6.0-System). Qualifizieren können Sie sich auf den nationalen Auswahl-Veranstaltungen. Aber auch „Newcomer" aus aller Welt können sich direkt bei den Weltmeisterschaften bewerben –allerdings ist nicht sicher, ob jeder Bewerber auch genommen wird. Eine Jury (B-Musiker, Musik-Journalisten o.ä.) entscheidet darüber.

**Das geht ab:** Zwei Runden zu je einer Minute werden abverlangt: die erste Runde mit einem eigengewählten Song, die zweite mit einem von der Jury ausgewählten

Lied – dann müssen Sie improvisieren. Bewertet werden Technik, Bühnenpräsenz und „Airness" – Gesamteindruck.

Darauf sollten Sie lieber verzichten: AC/DC-Rückwärts-Rennen-Posen, wie Jimi Hendrix die Gitarre lecken, nur Head-Banging. Einfallsreichtum ist gefragt! Groupies und Roadies sind erlaubt, eine Live-Band nicht.

**Hintergrund:** Philosophie der Luftgitarren-WM: „Kriege würden enden, der Klimawandel stoppen, alles Böse verschwinden, wenn jeder Mensch auf der Welt Luftgitarre spielen würde."

**Wann:** Normalerweise im August, die genauen Daten werden (meist im Mai) im Internet bekanntgegeben. Website: www.airguitarworldchampionships.com

## Masturbier-Marathon – Masturbate-a-Thon

San Francisco, USA

Nein, kein Scherz. Und im Grunde genommen auch keine Meisterschaft. Aber irgendwie ... interessant und erwähnenswert: Der Masturbier-Marathon im amerikanischen San Francisco (bzw. im dänischen Kopenhagen). Viel gibt es nicht zu erklären: Rein in die abgeschottete und nicht von außen einzusehende Messehalle, sich erst mal umschauen (und vermeiden, vor Scham zu erröten), sich dann langsam in einer Umkleidekabine ausziehen, die primären Geschlechtszonen eventuell bedecken, Hand anlegen. Findet alles unter Ausschluss der Öffentlichkeit in einer Halle statt. Die Einzigen, die dabei zugucken, sind ebenfalls „Wichser".

**Regeln:** Berührungen untereinander und Sex sind verboten. Kameras und Tonbänder sowie Handys etc. ebenso. Das Festival ist eine alkohol- und drogenfreie Zone, Hygiene wird großgeschrieben. Wenn Sie Sex-Spielzeug benutzen möchten, müssen Sie Ihr eigenes mitbringen. Angaffen eines gerade „beschäftigten" Teilnehmers ist untersagt, Anstarren zum Lustholen bei der eigenen Selbstbefriedigung ist erlaubt. Dresscode: Höchstens (sexy) Unterwäsche.

**Rekorde:** Die Messlatte liegt hoch – Männer und Frauen (vor allem erstere) treten in verschiedenen Disziplinen gegeneinander an: Ausdauer (unglaublicher Rekord, aufgestellt von einem Japaner: 9.58 Stunden, mit je fünf Minuten Pause pro Stunde), meiste Orgasmen (laut Homepage bis zu 50 bei Frauen), Weitspritzen (bis 3 Meter).

**Historisches:** Das spritzige Spektakel soll das Thema Selbstbefriedigung enttabuisieren. Die Einnahmen gehen an Aufklärungs-Organisationen, so die Veranstalter. Erfunden hat den Masturbate-a-Thon übrigens eine gewisse Carol Queen – sie arbeitete in dem Sex-Shop „Good Vibrations" in der Bay Area.

**Offizielles:** Findet immer im Mai (dem selbstausgerufenen Monat der Selbstbefriedigung) statt. Den Wettbewerb gibt's übrigens auch in Dänemark (www.Masturbate-a-Thon.dk).
US-Website: www.masturbate-a-thon.com

## Arschbomben-WM: Spritzer und Schmerzen

Unterschiedliche Orte, Deutschland

Eigentlich harmlos, kann aber auch ganz schön in die Hose gehen: Die Arschbomben-Weltmeisterschaft in Deutschland erlaubt keine Bauchplatscher.

**Sprünge**: Vom 10-Meter-Turm geht's in die Tiefe. Sie müssen drei Sprungarten beherrschen: Der erste Sprung ist eine klassische Arschbombe, der zweite ist ein „Standardsprung", den Sie sich also selbst aussuchen können. Der dritte kann frei gewählt werden – jede Art von Nonsens ist erlaubt. Sie können alleine oder im Team antreten – dann sollten Sie aber synchron ins Wasser eintauchen.

**Wertung:** Drei Sprung-Phasen werden gewertet: Absprung, „in der Luft", Aufprall. Es gilt, möglichst laut und mit vielen Spritzern einzutauchen.

**Wann & Wo:** Immer wechselnde Orte in Deutschland, Infos und Anmeldung unter splashdiving.com. Jeder darf mitmachen (auch unter 18 Jahren) – auf eigene Gefahr. Nicht gerade bekannt für eine ausufernde After-Dive-Party …

## Sauna-WM – Schweiß egal!

Heinola, Finnland

Sie müssen 110 Grad so lange wie möglich aussitzen: In der südfinnischen Kleinstadt Heinola (135 Kilometer nördlich von Helsinki) findet jedes Jahr die Sauna-Weltmeisterschaft statt. Die brachte bislang noch jeden zum Schwitzen – und den ein oder anderen Kreislauf zum Kollaps!

**Regeln:** Eigentlich läuft alles wie ein klassischer Sauna-Gang, nur mit ein paar kleinen Einschränkungen: Einmal den Hintern auf die Holzbank gedrückt, dürfen Sie nicht mehr aufstehen – außer natürlich, Sie geben auf und wollen das Feld räumen.
Nix für Spanner: Die Badehose oder der Badeanzug bleibt um die Hüften (das Handtuch alleine ist eher verpönt) – und das Gesicht abwischen ist verpönt! Alle 30 Sekunden erfolgt ein Aufguss mit einem halben Liter Wasser.

**Mehr:** Seit 1999 wird das Sitz-Schwitz-Event ausgetragen, knapp 200 Teilnehmer aus rund zwei Dutzend Nationen nehmen teil. Das Aussitzen wird sogar von TV-Teams begleitet, Anwesende (bis zu 2000 Menschen) bestaunen das Spektakel von außerhalb der Kabinen.
Infos unter www.saunaheinola.com

**Vorsicht:** 2010 wurde es den Finalisten zu heiß – bei 110 Grad (!) brachen die beiden Männer bewusstlos in der Sauna zusammen. Ein Mann starb. Unbedingt beachten: Überschätzen Sie sich nicht. Ärzte sind zwar vor Ort, doch niemand kann in Ihr Inneres reingucken. Nichts riskieren. Menschen mit Kreislauf- oder Herz-Problemen ist die Teilnahme hiermit untersagt.

## Wettessen – ein harter Sport!

USA, weltweit

Hot Dogs, Hamburger, Würstchen, Burritos, Donuts, Eier, Kuchen, Fisch, Corned Beef, Sandwiches – einfach alles, was in den Mund passt, können Sie in Weltrekord-Hatz verschlingen! Ein beliebter – man muss schon zugestehen – Sport, der Hochleistungen (wenn auch hauptsächlich vom Magen, später von der Verdauung) abverlangt. Aber nicht nur Teilnehmer aus den USA sind darin Spitzenreiter!

Einzelne Festivals aufzuzählen, würde ausufern. An dieser Stelle sei nur die wohl bekannteste Fast-Food-Competition der Welt erwähnt: Das Hot-Dog-Wettessen (Hot Dog Eating Contest) in New York.

**Wo & Wann:** Immer am Independence Day (4. Juli) im Schnell-Restaurant Nathan's Famos (nathansfamous.com) in Coney Island. Die Schlingerei geht über zehn Minuten, teilnehmen darf jeder, der sich über Vorausscheidungen qualifiziert hat. Es winken ein Geldpreis und der

Titel „Gelber Senfgürtel". Weltrekord bei Männern beträgt 68 Hot Dogs, bei den Frauen 39 (Stand 2009).

**Infos:** Wenn Sie Appetit bekommen haben, hier gibt's Nachschlag: Auf der Website der International Federation of Competitive Eating (Internationaler Wettessen-Verband) unter www.ifoce.com und competitiveeaters.com finden Sie alle bekannten Fress-Festivals in den Staaten.

## Kulinarisches Extra: Testicle Festival – das absurdeste Fest in den USA

Rock Creek Lodge, USA

Reiseführer versuchen oft, Touristen so einiges schmackhaft zu machen. Doch hiervor schrecken sie alle zurück: Das Testicle Festival in den Rocky Mountains. Denn das geht wahrlich ans Eingemachte …

Testicle bedeutet Hoden. Gemeint sind in diesem speziellen Fall Bullenhoden. Und die werden in rauen Mengen beim Wettessen verschlungen. Meistens werden die „Eier" frittiert, doch dem Einfallsreichtum der Köche sind keine Grenzen gesetzt, um Ihnen die Dinger schmackhaft zu machen. Jedes Jahr werden über 2000 Tonnen der „Rocky Mountain Oysters" an den Mann gebracht.

**Das geht außerdem noch ab:** Außer Essen gibt's Einiges, worauf sich die meisten Besucher fanatisch freuen: Viele Spiele (bei denen man oft blank ziehen muss) stehen auf der Agenda: Wet-T-Shirt-Contests für die Damen, Brustbehaarungs-Meisterschaften für die Herren, und das obligatorische Bullshit-Bingo (mit viel Alkohol, der übrigens in rauen Mengen fließt; eine ganz lustige Abwechslung). Oder das „Bite the Ball"-Spiel: Während einer Motorradfahrt muss der Beifahrer versuchen, einen am Seil hängenden Bullenhoden mit dem Mund zu schnappen.

**Hintergrund:** Nach guter Cowboy- und Indianer-Manier wird kein essbares Teil eines Tieres verschwendet. Wohl bekomm's! Es gibt noch zig weitere Testical Festivals, die sich mit kleineren „Balls" zufrieden geben wie beispielsweise mit denen von Truthähnen. Übrigens: Ob der Verzehr aphrodisierend wirkt, ist wissenschaftlich nicht bewiesen. Doch die Festival-Teilnehmer schwören darauf.

**Offizielles:** Das Festival dauert fünf Tage, meist Ende Juli oder Anfang August (Daten siehe www.testyfesty.com). 15 000 Hungrige reisen nach Montana, überall Live-Bands. Für das Event wird eigens Bier gebraut (Bull Snort Brew) – allerdings Geschmackssache. Sperrzone für Kinder.

## Rauschende Rauschebärte – die Weihnachtsmann-WM

Samnaun, Schweiz

Die WM der Weihnachtsmänner, in der Schweiz seit Jahren „ClauWau" genannt: Im Gegensatz zum deutschen Pendant wird in Vierer-Teams angetreten (auch gemischt). Hier wird schon seit 2001 um die Wette geweihnachtet.

**Das erwartet Sie:** Beim ClauWau werden die Rauschebärte nicht während des Markt-Betriebs auf die Besucher losgelassen, sondern hier müssen Sie sich in verschiedenen Disziplinen beweisen: „Kaminklettern" (fünf Meter hohen Schornstein mit Geschenke-Sack hinaufklettern), mit einem hölzernen Steinbock Geschenke austragen, Schlittenrennen, Wissenstest, Schneeskulpturen und Lebkuchenhäuser basteln, Geschenke fangen, Karaoke, etc. Bewertet werden auch die Kostüme.

**Gewinn:** Die Sieger bekommen 3333 Euro, die Zweiten 1666 Euro, der dritte Platz 666 Euro.

**Anmeldung & der Rest**: Alles kostenlos (nur Übernachtungsbestätigung vorlegen). Zuerst findet eine Vorrunde, dann das Finale (12 Teams) statt. Am besten schnell anmelden, sonst sind die Plätze weg!
Website: www.clauwau.com

## Schneehasen ohne Fell – Nackt-Rodeln

Braunlage, Deutschland

Nackedeis, direkt vor dem Rathaus, inmitten des spröde geltenden Deutschland – endlich. Mit frostgehärteten Nippeln gehen Schneehasen und Jungspunte auf die Jagd nach dem Titel …

**Was geht ab:** Ein Radiosender suchte 2009 zum ersten Mal den Nackt-Rodel-Meister, der sich kälteverabscheuend die Skiwiese in Braunlage (Harz) hinunterstürzt (89 Meter). Barbrüstig und lediglich mit Slip bekleidet werfen sich dabei die Teilnehmer – es werden in etwa 30 ausgelost – auf die Schlitten.

**So gewinnen Sie:** Es wird im K.o.-System gefahren, das Finale (bei Flutlicht) tragen fünf Teilnehmer unter sich aus.

**Bekleidung:** Nackter Oberkörper, ansonsten werden nur Helm, Handschuhe und Schuhe geduldet, ebenso Schals, obwohl zu große von den Zuschauern gerne mit Buh-Rufen bekundet werden, weil sie Essenzielles verdecken könnten.

**Was geht noch ab:** Falls Schnee zum Renntermin fehlen sollte, wird er aus höheren Lagen angekarrt. Das Rennen wird gefilmt und auf Großleinwänden übertragen. Es winken nicht nur der Titel, sondern auch 1000 Euro.

**Was denn noch:** 1000 Liter Glühwein for free spendiert der Veranstalter. Das Wichtigste: Die Après-Ski-Party danach. Auch hier soll es heiß hergehen ... 14 000 Gänsehaut-Gucker säumen die Piste.

**Wo & Wann:** Februar oder März, je nach Wetterlage. Das Rennen wird jedoch frühzeitig bekanntgegeben. Braunlage liegt auf 550 Höhenmetern auf dem Wurmberg südlich des Brockens, Niedersachsen. Infos unter www.89.0rtl.de (Homepage des Senders, unter Menüpunkt „Events" gucken, dort auch Anmeldung).

**Auch gut:** Falls nicht mittlerweile verboten: Das **Domina-Rodeln** im deutschen Oberwiesenthal. Findet im Rahmen des Hornschlittenrennens statt. Sollte eigentlich eine „Oben-ohne"-WM werden, wurde dann jedoch „züchtiger" mit weniger nackter Haut – dafür mit Lack und Leder.

## Was sonst noch so abgeht ...

**Handy-Weitwurf-WM**, Finnland (August), Kommt wohl ohne weitere Erklärungen aus … www.savonlinnafestivals.com.

**„Ins-Wasser-Stoßen"-WM**, Marseille, Frankreich. Wie Ritter beim Kampf auf Pferden treten bei „La Joute Nautique" zwei Männer auf einem Balken mit einer Lanze gegeneinander an. Das Ziel ist klar. Zweimal pro Woche ab Mai im Vorort L'Estaque.

**Papierflieger-WM** für Studenten, alle 3 Jahre. Bei den „Red Bull Paper Wings" wird in nationalen Vorentscheiden ausgefochten, wer es schließlich zum Finale (Salzburg) schafft. Website: www.redbull.com

**Strandschnecken-Spuck-WM** („Le Champion du Monde du cracher de bigorneau"), im Juli, Frankreich. Tierchen mit Haus in den Mund und so weit wie möglich wieder rausspucken.

**Gummistiefel-Weitwurf-WM**, weltweit: www.saappaanheitto.com. Deutschland: www.gummistiefelweitwurf.de.

## Crazy USA

**Redneck-Festival:** Es gibt Bierdosen als Medaillen, unter anderem in den „Idioten"-Disziplinen Schlammloch-Bauchklatscher oder Schweinefuß-mit-Mund-Werfen. Jeden Sommer in East Dublin (US-Bundesstaat Georgia).

Der **Saint Stupids Day** ist eine jährlich stattfindende „Idioten"-Parade in San Francisco. Jeder kann teilnehmen, dämliche Kostüme sind Voraussetzung. Immer am 1. April. Infos unter www.saintstupid.com/event.html#parade.

**Weird Contest Week** – dieses Festival bietet alles für jeden, vor allem aber Chaoten: T-Shirt-Weitwurf, Kunst-Kuchen-Essen, Superhelden-Nachmach-Wettbewerb. Ein Muss für alle, die noch über sich selbst lachen können. Immer im August, Ocean City, New Jersey.

Das **Frozen Dead Guy Festival** wird jedes Jahr in Nederland, Colorado, zelebriert. Sinn des Happenings: Langsam-Parade mit Särgen, Leichen-Verkleidungs-Wettbewerb, Sarg-Rennen. Immer im ersten März-Wochenende. Website: www.frozendeadguy.com

## WM-SPECIAL: BRITISCHE LEIDENSCHAFTEN

An dieser Stelle mal ausnahmsweise keine Plattitüden: Was das auf den ersten Blick sinn- und manchmal auch geschmacklose Feiern anbelangt, sind die Engländer dem Rest der Welt eine Nasenlänge voraus. Oder würden Sie auf die Idee kommen, Brennnesseln in sich reinzustopfen? Sich in alter Soße zu wälzen, darin gegen einen Wildfremden zu ringen? In einem Fettleib-Anzug aus Plastik Sumo zu ringen?

Auf der kleinen Insel finden (gefühlt) mehr kuriose Festivals statt, als in ganz Europa und Amerika zusammen. Briten haben eine Leidenschaft für das Skurrile (man denke an den berühmten schwarzen Humor), eine Affinität, sich lächerlich zu machen und das toll zu finden (und auch noch toll gefunden zu werden). Vor allem aber erfinden sich Engländer immer wieder selbst neu, machen aus fragwürdigen Gedankengängen über Jahre gereifte Traditionen, die sogar die ganze Welt begeistern.
Nein: Die spinnen nicht, die Briten. Sie haben es nur als Erste erfunden. Die meisten Wettstreite sind zugunsten eines wohltätigen Vereins oder einer Stiftung. Einige hingegen wurden aus einer Trink-Laune geboren, ohne Hintergrund oder Ansporn.

Hier das Best of.

## Die Athletik-WM im Sumo-Ringer-Outfit

London, England

Dick im Sport-Geschäft unterwegs. Falls Sie mal testen möchten, was Sie mit gefühltem vierfachem Körperumfang auf dem athletischen Kasten haben, sind Sie bei den „Sumo Suit Athletics World Championships" in London richtig.

**Fünf Disziplinen:** Kugelstoßen, Hochsprung, Weitsprung, 400-Meter-Lauf und 100-Meter-„Rennen": Nur den Anzug nicht ausziehen. Weltrekorde werden jedes Jahr gebrochen – das Event gibt's schließlich erst seit 2008. Jeder Teilnehmer kriegt eine Medaille. Für weibliche Teilnehmer gibt's kleinere Gummi-Anzüge.

**Wo & Wann:** Die WM soll regelmäßig stattfinden, Daten stehen im Vorfeld nicht fest. Immer irgendwo in London.

## Die Weltmeisterschaft im Grimassen-Schneiden

Egremont, England

Klingt lustig, sieht lustig aus – und die größten Geeks der Welt sind die Gewinner! Beim „World Gurning Championship" in Egremont haben die Teilnehmer ein Pferdegeschirr um den Hals und sehen nicht nur deswegen zum Kaputtlachen aus. Seit 1267 wird jährlich derjenige zum Besten aller Besten gekürt, der mit seiner Fratze die irrste Verrenkung hinkriegt – gesucht wird die hässlichste Grimasse!

**To Do:** Fresse durch das Pferdegeschirr stecken, Gesicht verziehen. Mehr nicht, aber auch nicht weniger. Wer gewinnt, entscheidet der Applaus des Publikums. Bei miesen Leistungen gibt's auch Buh-Rufe. Es gilt, hässlich und außergewöhnlich gleichzeitig zu sein. Internationale TV-Sender filmen Sie dabei.

**Historisches:** Der Lord von Egremont soll anno 1267 einen Karren voll saurer Äpfel ins Dorf zu den armen Bewohnern gekarrt haben, die alle das Gesicht verzogen, als sie in das adelige Geschenk bissen.

**Wann & Wie:** Die Briten haben daraus anschließend einfach einen Wettstreit gemacht, die doofen Äpfel aber weggelassen. Immer im Herbst.
Website: www.egremontcrabfair.com

## „Walking the Plank“: WM im Über-Bord-Gehen

Isle of Sheppey, England

Zwar nicht im traditionellen Sinne britisch, aber irgendwie mit dem einstigen Seefahrer-Volk („Rule Britannia, Britannia rule the Waves“) verbunden: Von Piraten über die Planken gejagt werden – bei den Walking the Plank Championships in Queensborough Harbour auf der Isle of Sheppey (Grafschaft Kent), genauer gesagt auf dem Piratenschiff Salty Sea Pig (salzige Meersau).

**Das geht ab:** Wie zum Tode Verurteilte müssen Sie über die Planken ins Wasser springen, hineingeschubst vom Degen des fiesen Piratenkapitäns Cutlass. Doch so leicht machen es Ihnen die Punktrichter nicht: Sie müssen sprechen und sich verhalten wie ein Pirat („arrrh“). Gewertet werden ebenfalls die Höhe der Wasserspritzer, die Originalität der

Verkleidung (möglichst durchgedreht und gleichzeitig antik) sowie das Auftreten im Allgemeinen. Bei diesem Event können Sie also Ihre Entertainer-Qualitäten beweisen!

**Wann & Wieso:** Zu gewinnen gibt's 100 Pfund, eine Trophäe, Bier. Das Event ist – wie so oft – wohltätigen Zwecken gewidmet. Teilnahmegebühr beträgt 5 Pfund. Im Sommer (Anfang August).
Nähere Infos siehe offizielle Website: www.captaincutlass.com.

## Weltmeisterschaft im Zehen-Hakeln

Ashbourne, England

Das Gleiche (oder etwa „Dasselbe") wie Arm-Drücken, nur eben mit den Füßen (bzw. den Zehen): Die „Toe Wrestling Championships".

**Was & Wie:** Fiese Tricks sind nicht erlaubt: Nur saubere Füße dürfen antreten – nach einem Geruchstest. Die jeweiligen Gegner ziehen die Schuhe und Socken der Feinde aus. Dann hinhocken, Zehen ineinander verhakt. Auf Los geht's los! Es gilt das K.o.-System: Einfach den Fuß des Gegners nach links in die Holzbande drücken. Der Gewinner zieht eine Runde weiter. Hinweis: Vorsicht vor „Toeminator" Paul Blech. Er nimmt immer teil, war bereits Meister. Ebenso seine Frau.

**Wo, Wann & Wieso:** Im Bentley Brook Inn, in Ashbourne (Grafschaft Derbyshire) irgendwann im Juni/Juli. Website: www.bentleybrookinn.co.uk/page14.html

## Betten-Rennen – Bedrace

Knaresborough, England

Es geht quer durch die Stadt und durch das Flüsschen Nidd: Sechs Anschieber und ein Fahrer begeben sich auf die scheinbar halsbrecherische Fahrt in einem umgebauten Bett.

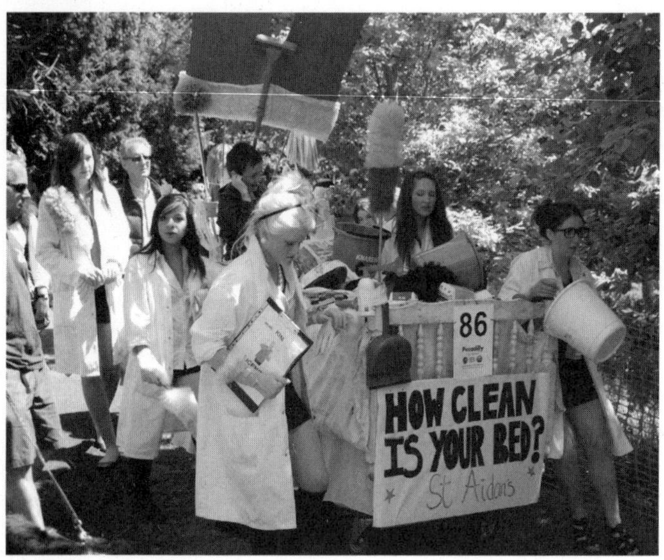


**Was geht ab:** Altes Bett(gestell) auftreiben, fantasievoll umbauen – und ab dafür! Es geht nur um die Aufmachung der Drahtgestelle und die Kostümierung der „Racer". In mehreren Disziplinen („Best Dress", „Most entertaining" u.a.) werden Sieger gekürt. Jedes Jahr müssen die Teilnehmer unter einem anderen – vorgeschriebenen – Motto antreten.

**Regeln:** Mindestalter zwölf Jahre, der Fahrer (mindestens zehn Jahre alt) muss einen Kopfschutz tragen. Anschieber dürfen sich nie aufs Bett setzen. Das Bett muss speziellen Anforderungen genügen (siehe offizielle Homepage).

**Wo & Wann:** Immer am zweiten Sonntag im Juni. Anmeldungen bis Ende Februar. Wie immer für gute Zwecke. Website: knaresborough.co.uk/bedrace

## Schubkarren-Rennen – Wheelbarrow Race

Braughing, England

Simple Story, einfach Fun: Das Schubkarren-Rennen ist sozusagen ein Zwei-Mann-Rennen über einen kleinen Tümpel in der Ortschaft Braughing (East Hertfordshire), bei dem es vorher durch den Ortskern geht.

**Die Crux:** Sie werden dabei mit Wasserbomben und aus Wasserpistolen beschossen (Eier, Mehl, etc. sind mittlerweile verbannt).

**Was geht ab:** Alte Schubkarre schnappen, nach Möglichkeit lustig aufmotzen, zur Startlinie rollen. Einer sitzt drin, einer schiebt. Es gibt drei Kategorien: Kinder, Jugendliche, Erwachsene. Ausgefallene Verkleidung ist Teil und vor allem Sinn dieser „Meisterschaft". Die Streckenlänge variiert. Erwachsenen-Teams nehmen normalerweise mehrere Stopps, zum Biertrinken. Wie lange das Rennen dauert, liegt also in Ihren Händen. Die Ziellinie ist der Fluss.

**Wie & Wann:** Bislang immer Ende Juli, am Feiertag von Braughing. Kein feststehender Termin. Zu gewinnen gibt's nichts – alles wird für wohltätige Zwecke ausgegeben. Infos: www.braughing.org.uk

## Badewannen-Rennen – Three Horseshoes Wheelie Bin Race

Hernhill, England

Badewannen auf Rädern – die am kuriosesten Angezogenen, die Schnellsten und die „beste" Badewanne gewinnen. Sie müssen einfach nur die Straße rauf und wieder runter – dazwischen gibt's Bier!

**Was geht ab:** Vorrangig müssen Sie – offiziell zumindest – gegen die Uhr rennen. Das schnellste Team bislang auf dem rund 730 Meter langen Parcours brauchte zweieinhalb Minuten, das langsamste knapp zwei Stunden (was wohl am ausufernden Biertrinken lag). Also: Nur vordergründig ist Zeit der ausschlaggebende Punkt. Es geht eigentlich nur um den Spaß!

**Was noch:** Nur kaputte Badewannen dürfen ins Rennen gehen. Auf der Strecke müssen an mehreren Stationen diverse Pints gestürzt werden.

**Wie & Wann:** Irgendwann im Juli.
Website: www.3shoes.co.uk/events.cfm

## Was sonst noch so abgeht ...

Beim **„Tar Barrel Race"** geht es darum, ein brennendes Fass auf dem Rücken zu tragen. Das Ding ist tierisch schwer, in Teer getränkt, der Läufer wegen der Hitze und der Flammen mit schützenden Handschuhen unterwegs. Update: Der Wettbewerb ist zurzeit „cancelled". Wie wir die Insulaner jedoch kennen, hat dies nicht viel zu bedeuten. Website: www.tarbarrels.co.uk

**Wollsack-Rennen** im Mai. Dasselbe Prinzip wie beim „Tar Barrel Race", nur mit gefüllten Säcken (die nicht brennen). Website: www.tetburywoolsack.co.uk

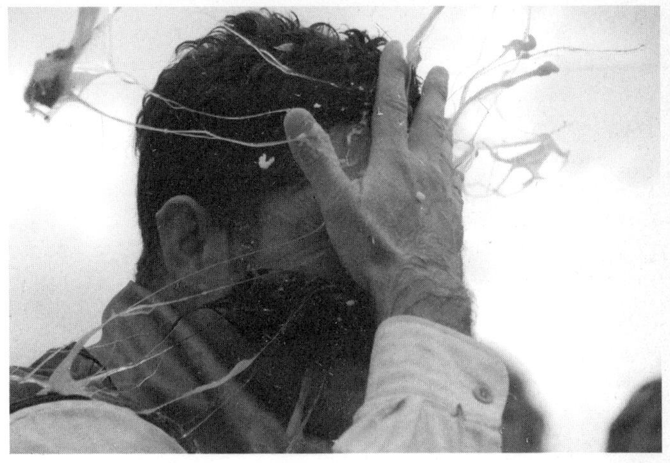

**Eierwurf-WM** im Juni. Teams werfen sich rohe Eier zu, stetig wird die Distanz zwischen ihnen vergrößert – bis einer heult. www.eggthrowing.org

## Soßen-Ringen – Gravy Wrestling

Stacksteads, England

Rein in die Soße, und zwar in einen aufgeblasenen Pool vor dem Rose ‚n' Bowl Pub in Stacksteads, Lancashire. Die weltbesten Gravy-Wrestler machen es unter sich aus.

**Was geht ab:** Jede Runde dauert zwei Minuten. Die Preisrichter vergeben Punkte für zwei Dinge: Wie man sich im Ring schlägt, aber auch, wie unterhaltsam das Ganze ist. Die Gegner müssen in insgesamt 2000 Liter abgelaufener Soße gegeneinander antreten – das sind umgerechnet 40 000 Portionen!

**Wer darf:** Teams und Einzelkämpfer können sich anmelden. Wer zuerst kommt, ist auf der Liste. Bedingung: Ausgeflippt antreten! Es dürfen nur wenige Schlammringer teilnehmen, 2009 waren es ca. 20.

**Sonstiges:** Nach dem Fight werden Sie von der Freiwilligen Feuerwehr abgespritzt. Der Erlös geht an ein Hospiz. Das matschige Vergnügen wird von einem Hersteller gesponsert, der die Soße zur Verfügung stellt. Zuvor mussten die Pub-Leute alles selbst kochen: „Die Hölle", nannte es Besitzerin Carol Lowe.

**Wo & Wann:** Das Festival ist Teil des „Food & Culture"-Festivals in Lancashire (Ende August/Anfang September, am Feiertag). Mehr zum Festival (und zu Gravy Wrestling) unter www.penninelancashirefestivals.com.
Offizielle Seite (des Pubs): www.rosenbowl.co.uk

## Mitten in die Fresse rein – Tortenschlacht deluxe

Coxheath, UK

Torten in die Gesichter von anderen schleudern. Ein Kindheitstraum. Und der einzige Sinn der Tortenschlacht-Weltmeisterschaft im englischen Coxheath.

**Das geht ab:** Die meisten Werfer klatschen ein Mehl-Wasser-Gemisch auf Pappteller – gibt mehr Sauerei als herkömmliche Torten, klebt besser, die Kampf-Spuren sind deutlicher sichtbar. Was sich zunächst anhört wie eine Sinnlos-Gaudi ohne Planung, ist jedoch straff organisiert und strikt geregelt – wie es einer WM gebührt. Immens von

Bedeutung: Der Stil! Sei es im Werfen, vor allem jedoch in puncto Kleidung. Je schräger, desto besser (obwohl das eigentliche Motto „viktorianisch" ist). Queens schleudern in die Fratzen von Kings, Mägde treten gegen die Dienerschaft an, aber auch Indianer gegen steril verpackte „God-Knows-What", Sträflinge gegen Cowboys, die Besetzung von „Der Zauberer von Oz" gegen Rugby-Fans.

**Die Regeln:** Die Teams stehen sich nur wenige Meter entfernt gegenüber, am Rande ein Schiedsrichter. Pro Treffer gibt es Punkte. Mitten ins Gesicht zählt am meisten (5 Punkte), aber auch Körpertreffer füllen das Konto auf (Schulter 3 Punkte, Rest des Körpers 1 Punkt).
Harte Regeln – wie Sie dennoch gewinnen können: Die Unparteiischen können Extrapunkte für originelle oder lustige Wurf-Aktionen vergeben. Auch für extrem ausgefallene Kleidung gibt es Zusatzpunkte. Gewinner sind zumeist weibliche Teams …

**Woher kommt's:** Der Brauch reicht zurück ins Jahr 1967. Die Idee – geklaut vom Charlie Chaplin Film „Behind The Scenes" – wurde von dem ehemaligen Bürgermeister von Coxheath mit neuem Leben gefüllt und als Wettbewerb installiert. Grund: Mit den Startgeldern und den Einnahmen des Festes sollte die Stadthalle finanziert werden.

**Wo & Wann:** Findet – nach einer Auszeit, da der Bürgermeister umzog und das Festival kurzerhand mitnahm – immer Anfang Sommer in Maidstone (Kent) statt. Offizielle Website mit nächstem Startdatum unter www.wcpc.me.uk. Eine eher überschaubare Veranstaltung, aber nichtsdestotrotz eine Riesengaudi mit Schlachtenbummlern aus aller Welt.

# MATSCHIGES KRÄFTEMESSEN

Außen glitschig, innen gut angefeuchtet. Matsch ist kein Dreck, sondern eine Herausforderung, und zwar für jedes Alter, jede Nationalität. Sie sind sich nicht zu fein für schmutzige Angelegenheiten? Der Mann fürs Grobe? Die unfeine Dame? Können Sie Wettkampf mit Trinkfestigkeit verbinden? Eine Fußball-WM mit Socken-, Schuh- und Würdeverlust verkraften? Mit dem Schnorchel in die matschigen Tiefen tauchen? Sie können das alles ab? Dann sind Sie hier richtig!

Im Gegensatz zu Wettbewerben für „Harte Kerle" steht bei den meisten Festivals in diesem Kapitel nicht etwa der sportliche Aspekt im Vordergrund. Es geht es darum, durchzuhalten, obwohl alles in Zeitlupe abzulaufen scheint. Im Grunde ist Matsch aber einfach nur ein Hindernis, eine Slow-Motion-Funktion, die den Wettstreit umso lustiger macht. Selbst Hartgesottene benötigen für ein paar Kilometer Strecke mehrere Stunden …
Manchmal kann Matsch sogar religiös sein – Ihre Haut wird es Ihnen danken. Probieren Sie's einfach aus!

## Maldon Mud Race – von der Kneipe in den Schlamm

Maldon, England

Eigentlich ist es kein Rennen, sondern das große Krabbeln: Beim „Mad Maldon Mud Race" versuchen lustig gekleidete, zumeist betrunkene junge Männer und Damen durch ein matschiges Flussbett zu kriechen. Denn „gehen" oder „rennen" geht bei all dem schmierigen Matsch nicht.

**Das geht ab:** Immer im Januar treffen sich Dreckspatzen aus aller Welt im Promenade Park im beschaulichen

Maldon (15 500 Einwohner, Essex). Es geht knapp 370 Meter durch die Mündung des Flusses Blackwater.

**Das Ziel:** Einmal runter, dann durchs schmierige Flussbett, auf der anderen Seite wieder hoch. Und dann wieder zurück – zwei mal 200 Meter. Sie werden die meiste Zeit übrigens damit verbringen, das Gleichgewicht zu halten. Blöd nur: Sie werden es definitiv nicht schaffen, denn alles ist glitschig und Sie versinken ohnehin, als ob Sie in Treibsand stehen würden.

**Wieso & Weshalb:** 1973 entstand das Ganze – wie auf der Insel scheinbar üblich – nach einer Kneipenwette. Stammgäste des „Queen's Head" sollen im feucht-fröhlichen Wettkampf durch das Flussbett gewatet sein, um auf der anderen Seite ein Pint zu trinken – um dann anschließend wieder zurück zu rennen. Der Schnellste gewann.

**War ja klar:** Ebenfalls normal bei solch britisch-verrückten Events, wird dabei vom örtlichen Lions Club und Rotary Club Geld für wohltätige Zwecke gesammelt. Mittlerweile ist das Event straff durchorganisiert.

**Das Schlimmste:** Bier darf man auch nicht mehr trinken – zumindest als Teil des Wettkampfes. Davor und danach ist das jedoch quasi Pflicht.

**Wann & Wo:** Das verrückte Rennen findet im Winter (Dezember/Januar) statt. Die Flussmündung soll bestialisch stinken. Sie können als Einzelkämpfer oder im Team (4 bis 6 Teilnehmer) starten. Der Gewinner kriegt 150 Pfund, insgesamt werden jährlich über 30.000 Pfund erwirtschaftet.
Website (Anmeldung): www.maldonmudrace.com

## Sumpffußball – immer feste drauf!

Hyrynsalmi, Finnland

Wer steht, verliert! Im Sumpffußball gibt es (fast) nur ein Motto: Ständig in Bewegung bleiben. Ansonsten gehen Sie unter – und bleiben bis zum Becken im Schlamm stecken.

### Aktuelles & Ursprung:

Es gilt als das härteste Fußballturnier der Welt! Ursprünglich soll die Sumpffußball-WM als Trainingslager für finnische Skifahrer ins Leben gerufen worden sein. Es gibt sie seit 1998 (seit 2000 als Meisterschaft). Eigentlich erwartet Sie ein stinknormales Fußballspiel, nur mit kleineren Mannschaften, kleinerem Spielfeld, kleinerem Tor, ohne expliziten Torwart – dafür mit riesengroßer Gaudi! Denn das Schwierigste ist, erst einmal zum Ball zu gelangen. Kopfball-Künstler haben hier nichts zu verlieren (höchstens ihren Kopf).

**Tipp:** Schuhe kräftig zubinden nützt nichts, bleibt dennoch alles im Sumpf stecken. Jährlich werden Berichten zufolge körbeweise Sportsocken aus dem Morast gefischt. Und: bloß nicht der Länge nach hinlegen – sonst verschluckt Sie der Schlamm auf einen Happs!

**Teilnahme:** Gruppen von 6 Personen (Männer oder Frauen egal) plus bis zu sechs Auswechselspieler. Ein Spiel geht 2 mal 10 Minuten. Gespielt wird auf 15 Feldern (35 mal 60 Meter).

**Danach:** Es geht in die Sauna: 35 Meter, sechs Holzöfen, den Dreck rausschwitzen. Danach wird gefeiert. Schließlich verdreifacht sich die „Einwohnerzahl" des 3000-Seelen-Dorfes während der Spiele! Das Turnier dauert zwei bis drei Tage, findet im Juli statt.
Offizielle Website: www.suopotkupallo.fi

**PS:** Neben Swamp Soccer gibt's übrigens auch Snow Soccer – auch lustig.

## World Bog-Snorkelling Championships – mit oder ohne Mountain-Bike

Llanwrtyd Wells, England

1,20 Meter tief, 55 Meter lang, dreckig, schlammig, matschig – nichts wie rein! Den „Parcours" im walisischen Llanwrtyd Wells in Wales dürfen Sie nur mit Taucherbrille, Schnorchel und Schwimmflossen durchqueren – das dafür aber gleich zweimal (also 110 Meter)!

**Tipp:** Ziehen Sie sich einen Taucheranzug an. Sicht gleich Null. Zudem klammern sich Algen und sonstiges Grünzeug an Ihre Arme, Beine, Flossen und den ganzen Rest. Weltrekord: 1.35 Minuten. Die langsamste Teilnehmerin brauchte 5 Minuten (sie war allerdings auch schon 70 Jahre alt).

**Durchzechte Historie:** Die Idee stammt – wie auch sonst – aus einer feuchtfröhlichen Pub-Nacht. Was könnte man auch sonst erfinden, um den 600-Seelen-Ort bekannt zu machen oder selbst Spaß zu haben?

**Mehr davon:** Es gibt auch einen Mountainbike-Sumpf-Wettbewerb (erfunden kurz nach dem Schnorchel-Wettbewerb) sowie einen Sumpf-Triathlon (19 Kilometer laufen, 40 Kilometer radeln, dazwischen 110 Meter Moor-Schnorcheln).

**Wann & Wo:** Das Event findet jeden Bank Holiday im August statt.
Website des Örtchens: www.llanwrtyd.com. Das Event hat keine eigene Internet-Präsenz (Infos aber unter www.green-events.co.uk).

## Prutmarathon – 4,2 Kilometer und 45 Gräben

Oudendijk, Holland

Dreck, Schweiß und Tränen: Auf dem 4,2 Kilometer langen Parcours warten 45 Gräben und jede Menge Schlamm auf Sie. Für die Drecks-Strecke braucht mancher schon bis zu zwei Stunden (Rekord bei rund 20 Minuten). Sie können das schneller? Dann nichts wie hin!

**Das erwartet Sie:** Alle rund 100 Meter ein Schlammgraben – die Wände der Gruben sind steil! Also sollten Sie mit gut trainierten Oberarmmuskeln antreten, sonst kommen Sie schon nach den ersten zehn nicht mehr raus aus dem Loch. Aber Mit-Läufer haben oft ein großes Herz – Sie werden in den Schlamm-Tümpeln nicht ersaufen, sondern rausgezogen. Hier zählt noch der wahre olympische Gedanke …

**Wo, Wann & Wieviel:** Das Rennen findet jedes Jahr im Juni statt, wird vom Chef des Pubs „Les Deux Ponts" aus-

gerichtet. Anmeldung vor Ort (kostet 5 Euro).
Offizielle Seite: www.lesdeuxponts.nl

**Drumherum:** Oudendijk ist etwa 50 Kilometer von Amsterdam entfernt. Am besten Mietwagen nehmen, mitmachen und dann entweder in Amsterdamer Clubs durchfeiern oder traditionell im ausrichtenden Pub das Event zelebrieren (überlaufen von Touristen, aber die Stimmung ist umso besser).

## Asia-Wasserfestivals

### Songkran Water Festival, Thailand

Ursprünglich – und auch heute noch – beginnt das neue Jahr in Thailand mit dem Songkran Fest, bei dem sich gläubige Menschen Wasser auf die Häupter spritzen und ein gutes neues Jahr wünschen. Mittlerweile wurde das einst religiöse Fest zum Massenspektakel, aus dem Beträufeln wurde eine Schlacht.

**Damals & heute:** Das wichtigste und bekannteste Schlachtfeld ist der historische Wassergraben der Stadt Chiang Mai. Dort tobt die feuchte Schlacht – es soll sogar die größte der Welt sein!

**Was geht ab:** Umgerüstete Fahrzeuge mit kleinen „Wasserwerfern" – oder zumindest riesigen Wasserpistolen an Bord – bahnen sich in einer Karawane durch die City. Böller werden gezündet, um böse Geister zu vertreiben, alles wird gereinigt: Häuser, Straßen, auch die Menschen. Sie werden also nass – richtig nass!

**Tipp:** Lassen Sie Handy, Digi-Cam etc. im Hotel. Noch'n Tipp: Einen „Unterwasser"-Fotoapparat mitnehmen. Solche Bilder haben Ihre Kumpels in der Heimat noch nie gesehen!

**Wichtig:** Niemand will zerstören oder andere Menschen verletzen, die „Angreifer" lächeln, lächeln Sie zurück! Für Urlauber, die nur zufällig in die Stadt gekommen sind, gibt es kein Entkommen: Jeder wird nass!

**Geschichtliches:** Songkran markiert den Beginn des buddhistischen neuen Jahres und dauert normalerweise vom 13. bis zum 15. April. In anderen Regionen von Thailand geht das Festival danach noch weiter.

## Myanmar Water Festival, Myanmar

Laute Techno-Musik, überall Bühnen und ekstatisch tanzende Menschen in knöcheltiefem Wasser – das Festival „Thingyan" dauert drei Tage lang (kurz vor Silvester). Es bietet alles, was Myanmar ansonsten nicht bietet: Eine Art Asian Love-Parade-Rock-am-Ring. Mit viel Wasser.

**Darum unbedingt sofort hin:** Jeder spritzt jeden voll, und jeder freut sich darüber. Und tanzt, gar ekstatisch. Bei mörderischen Temperaturen wird Ihnen die Abkühlung übrigens überaus gelegen kommen – versprochen.

**Wie kommt's dazu:** Das Festival hat einen religiösen Hintergrund, der vielen Party-Touristen gut in den Kram passen könnte: Das Wasser soll – ähnlich der christlichen Mythologie – die Sünden von den Menschen hinweg waschen. Das passt doch genau für Sie, oder?

## Was sonst noch so abgeht ...

Die **Wattolümpiade** in Deutschland ist hauptsächlich eine Wasser- und Matsch-Fußball-WM, aber auch Handball und die „Aalstaffel" warten auf Teilnehmer, im August, www.wattoluempiade.de.

Oder: **Schlamm-Rugby**, im April, Holland, www.kwalleballen.nl. Die Tore sind Wasserlöcher, das Ei ein Sack, der mit Sand gefüllt ist.

## Schlammschlacht in Südkorea

Boryeong, Südkorea

Urlauber und Einheimische, vereint im Schlamm: Einmal im Jahr gehen alle in dem kleinen Ort Boryeong in Südkorea im Dreck baden. Jedes Kleinkind sehnt sich danach: Von oben bis unten besudelt, jede Pfütze wird zum Happening, zum Mekka! Und an diesem Glück soll jeder teilhaben – also kräftig die anderen vollmatschen! Tausende graben ihre Hände in die dickflüssige grau-braune Soße, gehen ohne Furcht, ohne Regeln, (fast) ohne einen Fetzen Stoff am Leib (Badesachen sind Usus) aufeinander los.

**Das geht noch ab:** Es gibt eine „Schlammrutsche", einen „Schlammwasserfall", Schlamm-Massagen, Schlamm-Ringen, Schlamm-Fotowettbewerbe, Eintauchen in einer „Schlammwanne" – mehr Schlamm geht nicht! Auch die Wahl zu „Mister and Miss Mud" steht an.

**Wieso:** Das „Boryeong Mud Festival" am Daecheon-Strand (knapp 200 Kilometer südwestlich von Seoul, zweieinhalb Stunden Fahrt) soll heilende Kräfte besitzen: Der Schlamm sei reich an Mineralien – er soll auch zur Herstellung von Kosmetika verwendet werden. Ob das allerdings stimmt, ist unklar. 2006 sollen sogar 2 Millionen Menschen durch den Schlamm gerobbt sein.Vor allem Touristen pilgern aus aller Welt an den Badestrand, um ein Woodstock-Feeling zu reanimieren.

**Hintergrund:** Der Schlamm soll übrigens von nahe gelegenen Feldern an den Strand gekarrt werden. Ein einträgliches Geschäft für Boryeong (Region Chungcheong), das mit den Touris eine Menge Geld verdient.

**Wann & Wo:** Das matschige Treiben dauert knapp zehn Tage, findet immer im Juni statt.
Website: www.mudfestival.or.kr/english/main.php

# PARTYS MIT RAUSCH-GARANTIE

Die folgenden drei Kapitel (Rausch, Sex, Ohrenschmerz) sind eigentlich als eines zu sehen: Es geht um Spaß, sinnloses Trinken, Fummeln mit Bettwälz-Folgen (wer es geschickt anstellt), dazu coole Musik, egal ob live, mittels DJ oder gänzlich aus der Konserve. Alles in Priorität, Reihenfolge und Intensivität bunt durchgemixt.
Hier wird der (für Eltern unbegreifliche aber dennoch realistische) Status quo festgehalten, was die Generation Twenty Something (und drunter) so alles treibt ...

Doch erst einmal zum Wesentlichen: Wer als Teen oder Twen Langeweile verspürt, über das nötige Kleingeld (und eine trainierte Leber) verfügt: Nichts wie hin! Das hier sind die geilsten und feierwütigsten Adressen der Welt. Und bloß nicht Mama und Papa davon erzählen.
Zuerst geht's ums Saufen, um die perfekte Party. Es geht darum, nicht immer vor der Glotze zu hocken, zu daddeln, sondern rauszugehen und feste zu feiern. Ab dafür!

Dann geht's ums Vögeln, anschließend um geile Mukke. Aber lesen Sie doch selbst ...

## Oktoberfest – und no a Mass!

München, Deutschland

Hendl, Bier, Blasmusik – das Oktoberfest ist vor allem eine Gaudi sondergleichen. Es ist das größte Volksfest der Welt, oft kopiert, nie erreicht. Bis zu sieben Millionen Leute strömen jedes Jahr in Massen auf die Wiesn.

**Das geht ab:** Reinkommen ist meistens das Schwierigste, denn die Zelte sind oft bereits kurz nach Öffnung (9 Uhr) brechend voll. Zehntausende wollen Schunkeln, Grölen und sich besaufen (Bier wird ab 12 Uhr ausgeschenkt). Falls Sie keine Einladung haben sollten (von einer Firma, einem Fanclub etc.), stehen Sie mit Sicherheit stundenlang vor verschlossenen Türen.
Wenn Sie drin sind, schwitzen Sie, tanzen auf den Biertischen, und knutschen (wenn's gut läuft und Sie nicht nur noch lallen oder rumstolpern). Ganz wichtig (auch für die Security, die Sie rausschmeißen wird): Wer keinen Sitzplatz hat, kriegt auch kein Bier. Diskutieren – nüchtern oder voll

– nützt nichts. Auch draußen wird getrunken, wenn auch gemütlich an Biertischen.

Die Musik spielt nur im Innern. Um 22.30 Uhr gibt's die letzte Mass. Wer zu später Stunde etwas erleben möchte, muss zügig weiterziehen. Die Wiesn macht um Mitternacht dicht. Clubs und Kneipen drumherum sind den ganzen Tag über überfüllt.

**Das wird bestellt:** A Mass (1 Liter Bier im Glas-Krug), a Brezn (Laugenbrot in länglicher Form, herzhaft und groß), a Hendl (halbes, gegrilltes Hähnchen), a Schweinshaxn (Schweinshaxe, mit Soße und meistens Knödel).
Ist zwar relativ teuer, aber man sollte nicht mit Trinkgeld geizen. Die Bedienungen sind fleißig, machen einen Knochenjob und verdienen damit ihren Lebensunterhalt, oft sogar fürs gesamte Jahr. Und Sie werden die Damen wiedersehen. Kellnerinnen sind immer für einen bestimmten Bereich eingeteilt, wechseln nicht.

**Achtung:** Das Wiesn-Bier steigt schneller zu Kopf als durchschnittliches deutsches Bier. Tipp: Am besten zwischendurch eine Mass Wasser bestellen und eine Brezn futtern. Einheimische und solche, die es gerne wären, kommen im traditionellen Dirndl (Frauen) und in Lederhose (Männer) – die gibt es zuvor überall in der Stadt zu kaufen. Gibt es in allen Preisklassen – mehr als 200 Euro sind Wucher (außer für Original-Dirndl – die können in die Tausende gehen).

**Drumherum:** In zig Fahrgeschäften können Sie Ihre Mass wieder von sich geben – kommt mitunter vor, sollten Sie aber dringlichst vermeiden! Ansonsten drängen Sie sich durch die zwar weitläufigen aber dennoch heillos überfüllten Gassen. Die modernen Fahrgeschäfte sind vor allem bei Kindern, Familien und Besoffenen äußerst beliebt.

**Kleine Wiesn-History:** Gibt es seit 1820. Am ersten Schanktag sticht der Oberbürgermeister das erste Fass mit den Worten „O'zapft is" (Es ist angezapft) im Schottenhammel-Zelt an. Jede Münchner Brauerei hat ihr eigenes Zelt (knapp 30 Stück in verschiedenen Größen), insgesamt 100 000 Sitzplätze stehen zur Verfügung.

**Wo & Wann:** Jedes Jahr ab Mitte September (der erste Samstag nach dem 15. September) bis zum ersten Sonntag im Oktober auf der Theresienwiese (Stadtmitte). Wer mit dem Auto kommt, sollte außerhalb parken. Die U-Bahnen fahren Sonderschichten, zu Stoßzeiten etwa alle zwei Minuten. Am zweiten Wochenende pilgern traditionsgemäß unzählige Italiener auf die Theresienwiese, verstopfen alle Straßen mit Wohnmobilen (deutschlandweit als „Italiener-Wochenende" bekannt).
Infos unter www.oktoberfest.de.

## Oktoberfeste und Bierfeste weltweit – geeignet für Kurztrips und Globetrotter

Es gibt weltweit rund 2000 Oktoberfeste („Bierfest", „Wurstfest", etc). Hier eine Auswahl der besten und außergewöhnlichsten:

### Kitchener, Kanada

Das größte Oktoberfest außerhalb Deutschlands, ebenfalls aufgemacht in bayerischem Stil. Die Bierzelte sind über die gesamte Stadt verteilt, es gibt Weißwürste, Blasmusik und natürlich Bier aus Masskrügen. Mehr als eine Million Besucher kommen jedes Jahr. Das Fest dauert neun Tage, beginnt Mitte September. Die große Parade wird sogar im TV gezeigt.
Infos unter www.oktoberfest.ca.

### Blumenau, Brasilien

In Brasilien gibt es nicht nur den Karneval, sondern auch das Oktoberfest. Es ist das zweitgrößte (und neben dem Karneval zweitwichtigste) Festival des Landes: bis zu 700 000 Besucher. Gefeiert wird 18 Tage lang (ebenfalls ab September). Blumenau wurde von deutschen Auswanderern gegründet. Neben Blasmusik schallt vor allem Party-Mukke, Polka und Samba durch die zwei Party-Hallen. Tägliche Trink-Wettbewerbe.
Infos: www.guiadeblumenau.com.br/_private/deutsch/turism/oktober.htm oder www.oktoberfestblumenau.com.br

## Villa General Belgrano, Argentinien

Die „Fiesta Nacional de la Cerveca“ nennt sich „Bierfest“, ist aber eine charmante Abart des Oktoberfestes inklusive Trachtenparade und Trink-Wettbewerbe in einem umgebauten Biergarten. Die meisten Einwohner des Ortes stammen ursprünglich aus Deutschland. Gibt es seit 50 Jahren, ist eines der größten Bierfeste Südamerikas. Dauert zehn Tage, immer Anfang Oktober.
Weitere Infos unter www.elsitiodelavilla.com/oktoberfest.

## Calella, Spanien

Mit der Mass und den Shorts am Strand – in Calella bei Barcelona möglich. Gefeiert wird drei Wochen lang, die Musik aus allen Teilen der Welt steht im Vordergrund (und Biertrinken). Eher beschaulich, gefeiert wird in einem 3000-Mann-Zelt.
Infos unter www.calella-oktoberfest.com.

## Kingston, Jamaika

Bayerische Live-Musik, Wettbewerbe, viel Bier. Wird seit den 70er-Jahren gefeiert. Es gibt neben Bratwurst und Bier auch deutschen Wein, Schnaps und Live-Musik. Doch vor allem dröhnt Reggae aus den Boxen der zahlreichen Bands und Bars. Eher kleine Veranstaltung, aber umso interessanter, weil exotisch.
Kontakt und Infos via www.deutsch-jamaikanische-gesellschaft.de.

## Windhoek, Namibia

In Namibias Hauptstadt wird ebenfalls „oans, zwoa, gsuffa" – aber es kommen nur knapp 2000 Besucher. Dennoch sehenswert, wer einmal ein Bier und Bratwurst bei 40 Grad im Schatten süffeln bzw. schnabbulieren möchte. Das Motto: „Sauerkraut im Sand". Mit Live-Bands. Inklusive Wettbewerbe wie „Welche Frau kann die meisten Bier-Krüge stemmen" – der Preis ist eine Riesen-Bratwurst. Immer im Oktober im Sport Klub Windhoek (größter Sport-Klub Namibias). Keine offizielle Website.

## Echt crazy ... Bier-Special USA

### Oktoberfest Cincinnati

500 000 Besucher, drei Tage lang Gaudi bei Bier & Brezn. Es ist das größte Oktoberfest der Staaten, allerdings viel zu kurz. Inklusive Bier-Trage-Wettbewerb etc. Immer Mitte September, Infos unter www.oktoberfestzinzinnati.com/okt.aspx.

## Oktoberfest Mount Angel

Knapp 400 000 Besucher an nur vier Tagen – nach Cincinnati das zweitgrößte Bierfest der USA. Gibt es seit 1966, eigentlich ein Erntedank-Fest.
Infos unter www.oktoberfest.org.

## Oktoberfest Tulsa

Vier Tage, 250 000 Besucher. Das drittgrößte Fest in den Vereinigten Staaten. Durch die Dichte des Festivals eine ausgelassene Party-Stimmung (wer große Menschenmengen mag). Highlight ist das Bierfass-Wettrollen, Sauerkraut und „German Beer" im Festzelt. Ende Oktober. Infos unter www.tulsaoktoberfest.org.

## Wurstfest New Braunfels

Das „Wurstfest" dauert zehn Tage, lockt insgesamt 100 000 Besucher an. Es gibt – natürlich – Weißwürste, Bratwurst und Bier.
Infos unter wurstfest.com.

## PARTYS MIT SEX-GARANTIE

Haha, erwischt. Garantie? Stellen Sie sich das wie bei dem Elektro-Markt Ihres Vertrauens vor: Garantien gibt's nicht. Leider noch nicht einmal hier. Wir können's auch nicht ändern.
Nichtsdestotrotz: Hier geht's um Partys und Festivals, bei denen ein latentes erotisches Knistern immer mitschwingt. Oder suffbedingt fast jedem auf die Stirn tätowiert ist. Oder weshalb das Gros überhaupt dorthin pilgert (vom Suff mal ausgenommen) …

Wenn Ihre Leber fit ist, Ihre Prostata ebenso, Ihr Kondom-Vorrat prall gefüllt ist und Sie selbst nicht unbedingt potthässlich und/oder auf den Mund gefallen sind – und vor allem: Wenn Sie Lust auf Sex haben, lesen Sie weiter. Vielleicht wird's ja was. Ansonsten schnell weiterblättern.

Die folgenden Partys sind vor allem für Schüler, Studenten und Experimentier-Willige (jüngeren Alters), einige aber auch für die ewig jung Gebliebenen, die noch immer jedem Rockzipfel hinterherrennen und einfach keine Gelegenheit auslassen möchten. Oder Sie sind ein Alt-Hippie, auf der Suche nach der „guten, alten Zeit" (Egal, wie alt Sie wirklich sind).

An alle Eltern, die diese Seiten zu Gesicht bekommen: Das ist nichts für Ihre Töchter! Wer männlichen Nachwuchs hat: Bitte die Lümmeltüte in die Reise-Apotheke packen …

## Spring Break – immer in die Vollen

Wenn das Frühlingserwachen in die geplagten Studenten-Schädel einzieht, bedeutet das: Feiern, saufen, rummachen und was sich daran so alles anschließt. Spring Break ist ein Riesenfest ohne speziellen Treffpunkt, jedoch zieht es Zehntausende jedes Jahr an immer dieselben Theken auf dem Erdball. Hier erfahren Sie, an welche!

**Das geht ab:** Feiern bis zum Umfallen mit international bekannten Live-Acts, viel Alkohol und neckischen Spielchen am Strand (u.a. Wet-T-Shirt-Contest, Wett-Trinken, Sich-zum-Affen-Machen, Schlamm-Catchen, Babewatch-Rettungen). Hauptsache, es ist warm, irgendwann hüllenlos und sexuell erfolgreich. Denn das Gros der Feierwütigen will ohnehin nur eines: Sex (und davor schnell voll werden – und danach dem Affen neuen Zucker geben). An den Stränden gibt es oft Freibier, in den Bars werden sogar kleine Leitern aufgestellt, damit angetrunkene Damen auf der Theke tanzen können. Immer am Anfang der Semesterferien (Termine variieren).

## USA

Viele Orte, die meisten im Sonnenstaat Florida: In jüngster Vergangenheit waren Fort Lauderdale und Daytona Beach die ausgemachten Ziele der trink- und vögel-wütigen US-Studis, doch die Hot Spots wurden bereits abgelöst (obwohl auch heute noch um die 10 000 Jungs und Mädels dorthin pilgern).

Angesagt sind Panama City Beach (Florida), Palm Springs (Kalifornien) und South Padre Island (Texas). Mehrere Zehntausend zelebrieren dort ihre Semesterferien (Hochzeit im März). Da in den USA Alkoholkonsum erst ab 21 Jahren erlaubt ist (und Amis generell etwas prüder eingestellt sind als ausländische Nachbarn), werden Trips über die Grenze immer beliebter. Besonders gefragt: Fummel-Häppchen aus Europa. Diese sind als besonders offen und experimenteller verschrien als die eigenen Landsleute.

## Mexiko

Das eigentliche Mekka für die Trink- und Feier-Masse aus den Vereinigten Staaten (und folglich auch Party-Hoppern aus Europa und dem Rest Amerikas) liegt im Land des Tequila! Besonders beliebt: Acapulco, Cancún und Puerto Vallarta. Der Standort-Vorteil: Hier ist Trinken bereits ab 18 erlaubt! Entsprechend ist das Publikum jünger, was wiederum „Frischfleisch-Jäger" reizen dürfte. Oder das Frischfleisch selbst – Fummel-Versuche gibt es zwar an jeder Ecke, doch wer nicht will, wird nicht gezwungen – die Augen des Gesetzes wachen besonders akribisch über das Treiben!

## Karibik

Etwas teurer, aber umso exotischer: Jamaika und die Bahamas. Während die mexikanischen Fiestas für jedermann erschwinglich scheinen, müssen Sie hier für Ihr Saufgelage etwas tiefer in die Tasche greifen.

## Kroatien

Der Spring Break in Europa ist meistens komprimiert auf weniger Tage, immer an Pfingsten. Grund: Eine derart exzessive Feier-Tradition zu Semesterende wie in den USA gibt es (noch) nicht im Rest der Welt. Ansonsten treiben es (vor allem) die Europäer ähnlich wie in Übersee. Auch hier stehen DJs, Live-Acts und Strand-Fummeln an der Tages- und Nachtordnung.
Am kroatischen Meer, genauer gesagt in Rovinj, wird seit einigen Jahren der Spring Break Europe gefeiert – 10 000 tingeln an die felsigen Strände, eifern den Kommilitonen aus den Staaten nach! Aus ganz Europa, vor allem jedoch aus Österreich und Deutschland, werden Studis in Bussen angekarrt. In eine ähnliche Kerbe schlägt übrigens „Spring Jam" in Porec. Aber aufgepasst: Alles wird gefilmt und mitunter live im Fernsehen übertragen!

## Italien

Dasselbe Bild, ein anderer Strand: „Tuttogas" heißt die Sause im kleinen Badeort Lignano Sabbiadoro – und bedeutet übersetzt „Vollgas". Hier drückt jeder kräftig auf die Tube, denn so viel Zeit wie in den USA bzw. Mexiko bleibt schließlich nicht …
Infos unter www.tuttogas.com.

## „Summer Splash“ in der Türkei

Seit über einer Dekade trollen vor allem österreichische Abiturienten in die türkische Stadt Incekum. Gefeiert wird vor allem in der 5-Sterne-Anlage Joy Planet Pegasus –

über 10 000 Ex-Schüler machen die Nächte durch (immer am Anfang der Sommerferien).
Infos und Buchung unter www.summersplash.at.

## „Saloufest" in Spanien

Offiziell als „Sportfest" englischer Vereine deklariert, doch der einzige Sport, der im spanischen Salou (Costa Dorada, eine Stunde von Barcelona entfernt) zelebriert wird, ist exzessives Saufen. Und alles, was dranhängt – laut Veranstaltern das „größte Studenten-Festival der Welt", vor allem bevölkert durch betrunkene, junge Engländer. Immer an Ostern.
Infos unter www.ilovetour.co.uk/tours/sports-tours/saloufes.

## „Snow Break Europe" in Österreich

Schon wieder die Ösis, nur diesmal ein paar Dutzend Grad kühler: Der „Snow Break Europe" ist Spring-Break-Feeling pur, nur im Schnee auf einem Berggipfel. In der größten Skihütte Europas (3000 Quadratmeter) in Schladming. Immer Anfang Dezember. Infos unter www.snowbreakeurope.at und www.facebook.com/snowbreakeurope.

## Burning Man – ekstatischer Karneval im Sandsturm

Black Rock Desert, USA

Die Hippies der Neuzeit: verstrahlt, schrill und party-hungrig. Das Burning Man Festival in der Wüste Nevadas ist ein Sammelbecken für die Abgehobenen und der Welt Entrückten. Ein ekstatisch-grotesker Karneval, Sandsturm inklusive.

**Was geht ab:** Eine temporäre Stadt entsteht irgendwo im unwirklichen Nirgendwo, und wenn die Mega-Sause vorüber ist, sieht man keinerlei Spuren mehr davon. Doch zunächst das Essenzielle: 50 000 Menschen zieht das bunt-nackte Treiben in seinen Bann. Es wird getanzt zu Trance-Beats, geliebt, gefeiert – und Unmengen Staub geschluckt.
Beim Burning Man versammeln sich Aussteiger, Neo-Revoluzzer und vor allem Kreative (auch Verrückte und Gescheiterte), denn hier dürfen sie sein, wie sie denken, sein zu müssen: ausgeflippt. Das Happening dauert acht Tage, jedes Jahr wird ein anderes Motto ausgegeben (was sich deutlich in Verkleidungen, Behausungen und diversen Bewegungsmitteln niederschlägt).

Höhepunkt ist die rituelle Verbrennung einer zwölf Meter hohen Statue aus Holz auf einem Mega-Sockel (am sechsten Festival-Tag). Doch im Grunde dreht sich, wenn die Dunkelheit über die „Stadt" hereinbricht, alles ums Feuer: Künstler und Artisten überall, die sich ausleben. Geschenke werden verteilt. Ob Sie diese wirklich gebrauchen können – Geschmackssache (wie Omas Socken). Aber ein außergewöhnliches Andenken.

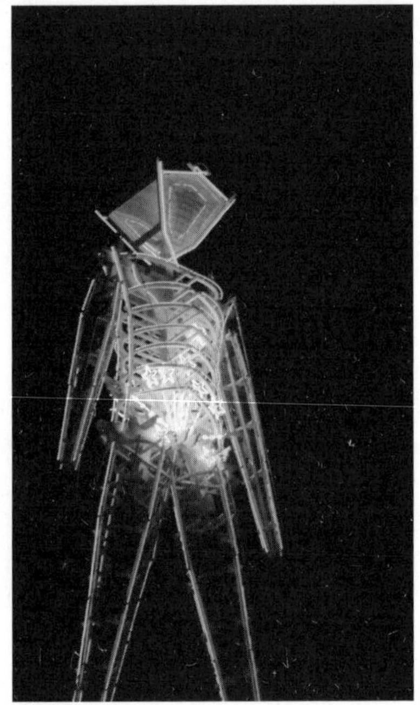

**Tagsüber & Drumherum:** Die Hitze und der Staub werden Ihnen die Kehle zuschnüren, denn die Schattenplätze im „Center Camp" (dem Haupt-Zeltlager) sind heiß begehrt. Dort können Sie Yoga, Kunst und Fummeln zelebrieren oder zumindest mal ausgiebig ausprobieren. Zig Teilnehmer bemalen sich dabei gegenseitig – als eine Art bunten Sonnenschutz (und um keine Kleidung tragen zu müssen). Die Stadt hat ein Postamt, eine kleine Klinik, Radiostationen und ein eigenes Intranet. Auch ein kleiner Flugplatz wird von den gut verdienenden Veranstaltern errichtet. Mehrmals am Tag fahren zudem harmlose „Wasserwerfer" durch die Gassen – und plötzlich ist die City oben ohne. Halten Sie Ihre wasserdichte Kamera griffbereit!

**Hintergrund & Philosophie:** Das Burning Man Festival ist eine Art lebendige Hippie-Kommune. Die Gemeinschaft zählt, es gibt (quasi) keine Regeln. Alles darf, nichts muss. Kurz (und stark vereinfacht) gesagt: Besucher sollen laut Veranstalter-Angaben wieder lernen, zu leben …

**Spießer-Meinung:** Eigentlich geht aber alles nur um Selbst-Inszenierung, sagen Kritiker. Auch alteingesessene Burning Man Besucher bemängeln, dass alles kommerzialisiert ist und sich in einer Massen-Veranstaltung verdichtet. Kostet mittlerweile mehrere hundert Dollar. Das Event ist zu einem Medien-Spektakel mutiert. Wenn Sie das nicht stört: Nichts wie hin!

**Wo & Wann:** In der Wüste, genauer gesagt rund 150 Kilometer nordöstlich von Reno (Anfahrt mit Auto – aber Achtung: Dort dürfen Sie sich nur per pedes, auf dem Drahtesel oder mit Fantasie-Fahrzeugen vom Fleck bewegen). Jedes Jahr, immer Ende August. Die Stadt wird nach dem Festival wieder komplett abgebaut. Bis zum nächsten Jahr.
Offizielle Website: www.burningman.com

# PARTYS MIT OHRSCHMERZ-GARANTIE

Stehen Sie auf Death Metal, oder auf Elektro? Auf Pop, Rock, Jazz, Punk, Gabber, Soul, Trance? Auf was auch immer – hier ist was für Sie dabei! Die besten Musik-Festivals der Welt aufzuzählen, könnte nicht nur dieses Buch, sondern wohl eine gesamte Enzyklopädie füllen. Was ist gut, was schlecht, was macht einen geilen Gig aus, was ein mieses Konzert-Wochenende? Sind es die Anzahl der Tage, die das Festival läuft, die Anzahl der Besucher, die Anzahl der Fan-Websites im Internet? Die Musik-Richtung? Das Drumherum? Jeder ist hier wohl anderer Meinung.

Deshalb: Dieses Kapitel fasst einige der skurrilsten Live-Musik-Events zusammen, bietet einen Überblick über die größten. Für einen kompletten Musik-Festival-Almanach ist hier kein Platz.

Sowieso: Nehmen Sie die folgenden Seiten als Anregung und Anstoß, mal wieder auf coole Mukke abzutanzen, im Zelt zu campieren, zum Frühstück Bratwurst und Dosenbier, Dosen-Ravioli und Kannen-Kaffee oder eine Zigarette und danach nochmal eine zu sich zu nehmen. Oder vielleicht doch lieber gepflegt ins Hotel mit Saunabereich und Massagebecken für die alt gewordenen Knochen, auf jeden Fall aber einfach mal spontan oder auch zig Monate im Voraus geplant in die Stadt fahren, in der gerade Ihre Lieblingscombo gastiert – wer weiß, wie lange sie noch existiert …

Das Wichtigste: Genießen Sie es! Jeden Sonnenaufgang auf dem Parkplatz, jedes abgestandene und viel zu teure Festival-Bier am Stand, jeden unbequemen Schlafplatz, jeden Brummschädel, jeden Augenring. Genießen Sie es, zu leben. Das geht nur mit guter Musik. Long live Rock'n'Roll (oder was auch immer)!

## Techno never dies – Kazantip

Krim, Ukraine

Party, Brüste, vollgepumpte Freaks, wo Sie hinblicken (falls Sie die Augen überhaupt vor lauter Dope mal aufkriegen). Dazu hämmernde Elektro-Beats, Light- und Laser-Shows, Live-Performances von DJs und Bands. Kazantip ist das europäische Burning Man gepaart mit Spring Break, nur noch kommerzieller, bekiffter und lauter. Sehr viel lauter.

**Was geht ab:** Hunderte DJs (Techno, Trance, House), über ein dutzend Bühnen, Beschallung rund um die Uhr (wirklich mehrere 24 Stunden lang ohne die kleinste Pause) – wer hierher kommt, sollte gründlich ausgeschlafen sein (und/oder die richtigen Pillen parat haben). Es ist das Neo-Woodstock des Ostens: Die Sause dauert mehrere Wochen, gefeiert wird am Strand des Schwarzen Meeres. Es geht um Party, Sex und Rausch (egal, welcher Art). Knapp 200 000 Hippies und Freaks finden hier ein vorübergehendes Zuhause, ebenso wie Disko-Macker und Tanz-Tussis (um es einmal banal auszudrücken). Kazantip ist eine eigene kleine Republik mit eigener Währung und Regeln. Diese besagen unter anderem: Menschliche Schwächen wie Schlaf, Müdigkeit und schlechte Laune sind in der Republik verboten. Aber Relaxen und Sonnen ist erlaubt …

**Wo & Wann:** Jedes Jahr von Ende Juli bis Ende August. Kostet bis zu 250 Dollar (Preis hängt von Angebot und Nachfrage vor Ort ab, ähnlich wie an der Börse). Dafür bekommen Besucher ein Visum. Findet nahe der Ortschaft Popowka auf der Halbinsel Krim statt.

**Hintergrund:** Die Idee soll übrigens aus einem Surf-Wettbewerb entstanden sein, der mit den Jahren ausuferte und ausartete (wen wundert's?).
Offizielle Website: www.kazantip.com

## Die größten Musikfestivals

Weltweit

Long Live Rock'n'Roll (oder Reggae, Pop, Metal und sogar Klassik) – Live-Musik in einer Masse schwitzender Fans ist nicht nur ohrenbetäubend, sondern auch das Drumherum ist das Geile daran. Auf dem Zeltplatz hemmungslos saufen und in der Unterhose rumtollen, Bier und Beats zum Frühstück – auch für Hartgesottene ohne Eintrittskarte ein Muss. Diese Auswahl ist nur eine Anregung, sie könnte nie repräsentativ sein …

**Summerfest** (11 Tage, 11 Bühnen, 1 Million Besucher), Milwaukee, Wisconsin (USA). Masse pur, allerdings verteilt über knapp zwei Wochen. Beim „Big Gig" geben sich die Mega-Stars der Musik-Szene die Klinke in die Hand. Mehr als 800 Bands treten während des Musik-Marathons auf dem riesigen Feld auf, das immer rund um den Independence Day (4. Juli) stattfindet.
Beim „größten Musik-Festival der Welt" (laut Guinness-Buch) gibt's auch Comedy, Auftritte in einem Amphitheater (Platz für 23 000 Leute), und den ganzen Rest, den eben ein Festival sonst noch zu bieten hat (plus Anfangs-Feuerwerk, dem „Big Bang").
Hier traten bereits The Doors, Metallica, Bon Jovi, aber auch Britney Spears auf. Bunter Mix also aus Rock und Pop, Jazz und Western.
Kosten: Ab 8 Dollar (1 Tag) bis 33 Dollar (3 Tage).
Offizielle Website: www.summerfest.com, Unterkünfte www.mkesummerfest.com

**Sziget** (1 Woche, 60 Bühnen, 400 000 Besucher), Budapest (Ungarn). Auf der Donauinsel Obudai mitten im Stadtgebiet (mit vielen Nachtclubs für danach) wird für die Zeit des europäischen Woodstocks eigens eine kleine Stadt errichtet (mit Post, Apotheke, Supermarkt).
Headliner bislang: The Prodigy, Faith No More, Iron Maiden, R.E.M.
Das größte Festival Europas bietet zudem ein Open-Air-Kino, Tattoo-Studios, Restaurants und sogar Theater-Veranstaltungen. Außerdem Volleyball- und Fußball-Plätze, Schwimmbad. Immer im August.
Offizielle Website: sziget.hu/fesztival

**South by Southwest** (1 Woche, 60 Bühnen, bis zu 2000 Bands), Austin, Texas (USA). Eher weniger Superstars sind hier zu finden, obwohl schon Acts wie The White Stripes, Franz Ferdinand oder Norah Jones hier auftraten – doch da kannte sie noch niemand. Vor allem unbekannte Bands sind hier vertreten, ein Tummelplatz für Newcomer – sozusagen ein Wühltisch für Musik-Enthusiasten und Platten-Bosse.
Das SXSW dient auch als Musik-Kontaktbörse (ein Branchentreffen ähnlich der deutschen Popkomm), auch eine Art Film-Festival. Immer im März.
Offizielle Website: www.sxsw.com

## Die kultigsten Musikfestivals

**Wacken Open Air** (3 Tage, 75 000 Zuschauer, 100 Bands), Wacken (Schleswig-Holstein, Deutschland). Lange Haare, laute Töne – hier ist die harte Gangart angesagt. Jedes Jahr fallen zehntausende Kuttenträger über das beschauliche Städtchen ein, gehen morgens brav beim örtlichen Bäcker einkaufen und verwandeln abends das Feld in ein Mekka der lauten Gitarren! Headliner bislang: Scorpions, Iron Maiden, Machine Head, Motörhead, Slayer.

Die Wacken Fire Fighters (Freiwillige Feuerwehr) spielt Blasmusik zum Auftakt des Festivals. Die Menge bangt dazu, was der Zottel-Kopf hält! Laut Veranstalter das größte Metal-Open-Air der Welt (mehrere Bühnen).

Immer am ersten August-Wochenende. Zelten ist angesagt. Allerdings sollte man keine Platzangst haben – Ölsardinen-Feeling mit ständigem Grill-Duft und Dauer-Beschallung aus allen Ecken. Über das Open Air wurde sogar ein Kinofilm gedreht.
Offizielle Website: www.wacken.com

**Exit Festival** (4 Tage, 200 000 Zuschauer, 2007 zum „besten Musikfestival Europas" gekürt). Rockmusik, Indie, Hip-Hop und Elektro, dazu Studenten-Flair, Multikulti-Party auf einer Burg. Headliner bislang unter anderem Beastie Boys, Chemical Brothers, Placebo, Moby, Top-DJs noch und nöcher! Immer im Sommer (meist Juni). Absoluter Pluspunkt: Die Preise vor Ort. Übernachtung im Hostel ab 15 Euro. Der „State of Exit" liegt innerhalb der antiken Mauern der Petrovaradiner Festung in Novi Sad (Serbien).
Offizielle Website: www.exitfest.org (mit Anreisetipps)

**Rototom Sunsplash** (7–10 Tage, 100 Musiker, über 100 000 Zuschauer) in Benicassim (Ostküste von Spanien). Wenn es dunkel wird, beginnt die Musik: Reggae von der Dämmerung bis zum Morgengrauen. Wenn die Sonne brennt, geht's zum Schlafen auf den Zeltplatz. Oder zum Kicken, in die Hängematte, an den Strand, zu den Diskussionsrunden (ja, richtig gelesen) oder einfach nur zum Chillen.
Es ist eines der größten Reggae-Festivals Europas (nach dem jamaikanischen Vorbild „Reggae Sunsplash"), hochkarätige Künstler aus aller Welt treten dort auf. Kostet ca. 140 Euro Eintritt, plus 20 Euro Campingplatz.
Offizielle Website: www.rototomsunsplash.com

**Boom-Festival** (alle zwei Jahre zu Vollmond im August, 150 Euro Eintritt, mehrere Tage, bis zu 50 000 Zuschauer): Es ist das Woodstock von heute!
Irgendwo im Nichts von Portugal (beim Stausee Idanhaa-Nova im Osten des Landes, rund 300 Kilometer von Lissabon entfernt) schallt Trance-Musik im Dauerfeuer, ein „Gipfeltreffen der zeitgenössischen Hippies", wie es die deutsche Nachrichtenagentur dpa bezeichnet.
Hier wird eine Stadt aus dem staubigen Boden gestampft, alles trägt den Stempel „Bio" – Plastik ist hier nicht zu finden. Auch keine Werbung. Dafür Workshops (u.a. zu erneuerbarer Energie), Theater, Kinos, Ausstellungen, Konferenzen. Mehrere Bühnen u.a. für E-Musik (Breakbeat, Minimal, Techno), aber auch für Akustik-Sessions, Weltmusik, etc. plus viel Yoga und Meditation. Sehr esoterisch angehaucht.
Website: www.boomfestival.org

# REGATTEN – ALLES, NUR KEIN RICHTIGES BOOT!

Planken? Fehlanzeige. Mast? Höchstens Schotbruch. Steuer- gleich Backbord? Hier schon! Bei diesen Regatten gibt es keine Waterkant, kein Schmetterlingssegeln, keine Nord-West- (oder sonstige) Bojen. Es gibt Milchkartons, Kürbisse, Badewannen und Boote aus Papier.

Haben Sie Lust bekommen, Meeresluft geschnuppert? Es gibt keinen schnöseligen Ruder- oder Segelverein. Es gibt nur den Segler (bzw. die Segelmannschaft) und sein/ihr Boot. Es ist selbstgebastelt. Aber: Sie werden durchgeschüttelt, und das nicht zu knapp. Denn Sie fahren auf ausgetrockneten Flussbetten, auf Bierdosen, Milchkartons und anderen Widrigkeiten.

Was Sie auf den folgenden Seiten lesen, ist eine Herausforderung für jeden, der gerne zur See sticht. Es geht darum, ulkige Gefährte seetauglich zu machen oder eben taugliche auf ihren Einsatz in einem trockenen Flussbett zu präparieren. Gefragt sind Bastler-Fähigkeiten, vor allem aber Sammelwut (Papier, Tetrapacks, etc.) – und Spaß am Mitmachen. Also: Leinen los – und Mast und Schotbruch!

## Milk Carton Derby

Seattle, USA

**Wie & Wieso:** Rund 400 Meter müssen Sie überwinden, ohne abzusaufen – Ihre Rettungsanker sind Tetrapaks. Seit über 30 Jahren stechen Wagemutige in die „Fluten". Milch-Kartons stehen hoch im Kurs vor dem Rennen. Denn es gilt aufzufallen – und nicht umzukippen. Preise gibt's u.a. für die beste Dekoration. Es winken insgesamt10 000 US-Dollar!
Kinder, Familien, Männer- und Frauen-Teams versuchen ihr Glück. Hauptsache ist, anzukommen. Ein traditionell eher grünes Festival: Gegen Hunger, Krieg, Militär. Also entspannt und unaufgeregt, aber dennoch herausfordernd für Bastler.
Die Bauten sind immens, beeindruckend – und von ihrem Ausmaß bisweilen sogar regelrecht erschreckend.

**Wo & Wann:** Seattle, USA. Immer im Juli.
Offizielle Website unter www.seafair.com/events/mcd.

## Papierboot-Regatta

Hannover, Deutschland

**Wie & Woraus:** Aus Papier, höchstens noch Pappe. 50 Meter muss das Boot überwinden. Nicht die Schnelligkeit zählt, sondern die Originalität! Es gibt drei Pokale zu gewinnen.

**Wo & Wann:** Steinhuder Meer, bei Hannover, Deutschland. Die Regatta ist Teil eines Fest-Wochenendes, bei der auch die schönste Meerjungfrau gekürt wird. Immer im August.
Infos unter www.steinhude-am-meer.de.

## Kürbis-Regatta

Windsor, Kanada

**Wie & Wieso:** Ihr Boot müssen Sie quasi im eigenen Garten züchten – und es nicht etwa für Halloween aushöhlen, denken Sie nicht einmal daran! Denn Sie müssen darin Platz finden, um in die Stromschwellen zu schießen. Dann bei der Kürbis-Regatta geht es nur um eines: Ums Paddeln.
Einer- und Zweierteams treten an – für mehr Personen ist selbst im größten Kürbis kein Platz. Die Distanz geht über rund 800 Meter.

**Die Crux:** Balance halten, sich nicht im Kreis drehen.

Kein Garten? Kein Problem: Viele der Kürbisse stammen aus der Plantage von Danny bzw. Howard Dill – Teilnehmer können sich dort einen Kürbis aussuchen, der dann „ausgeweidet" und bemalt wird.
Gestartet wird in drei Kategorien: mit Motor, mit Paddeln, experimentell.

**Wo & Wann:** Windsor, Ost-Kanada, auf dem Fluss Pesaqid. Immer im Oktober.
Infos unter worldsbiggestpumpkins.com.

## Henley on Todd Regatta

Alice Springs, Australien

**Wieso:** Wenn der Todd River ausgetrocknet ist, fahren dennoch Boote auf ihm – angetrieben durch die Kraft der Füße. Denn bei dieser Regatta haben die Schiffe keinen Boden! Das Wettrennen auf dem ausgetrockneten Flussbett ist die einzige Regatta ohne Wasser weltweit.

**Höhepunkt:** Eine wahnwitzige Seeschlacht. Mit umgebauten Traktoren liefern sich Teams eine Schlacht mit Wasserkanonen und Mehl-Bomben. Woraus die Boote sind, ist (fast) egal: Sie sollten nur nicht allzu schwer sein. Auch mannshohe Hamsterräder treten in einem Wettbewerb gegeneinander an.

Die Idee soll von zwei Briten stammen, die eigentlich das traditionelle Wettrennen im Sinne von Oxford gegen Cambridge auf der Themse nacheifern wollten – in Australien. Manko: Viele Flüsse Down Under trocknen schnell bei der andauernden Hitze aus – hat die beiden nicht gestört …

**Wo & Wann:** Alice Springs, Northern Territory. Immer im August/September. Strecke und Preise – egal: Eine Veranstaltung des Rotary Club.
Infos unter www.henleyontodd.com.au.

## Beer Can Regatta

Darwin, Australien

**Wie & Woraus:** Sie müssen viiiel trinken, damit das Schiffchen an Form gewinnt – die schwimmenden Untersätze bestehen aus Getränke-Dosen, hauptsächlich Bierdosen natürlich (das Gros der Segler ist männlich).

**Wieso:** Seit 1974 veranstaltet der örtliche Lions Club das spritzige Festival. Preise werden für das beste Bier-Boot und das beste Softdrink-Boot vergeben, außerdem in zig anderen Kategorien (lustigstes Boot, beste neue Teilnehmer, etc.). Teilnahme kostet 50 Dollar. Es geht nicht darum, eine Strecke zu bewältigen. Hier ist wahrlich der Weg das Ziel. Sinn und nennenswerte Preise: Fehlanzeige.

**Wo & Wann:** Mindil Beach, Darwin, Northern Territory. Immer im Juli / August.
Infos unter www.beercanregatta.org.au. Auf der Website gibt's sogar ein Booklet fürs Bootbauen zum Download.

## Badewannen-Regatta I

Dinant, Belgien

**Wie & Woraus:** Die Wanne unter Wasser, darüber Häuser, Monster, Wahnsinn ohne Grenzen! Alle Boote haben als Rumpf eine Badewanne. Ziel: Nicht untergehen! Egal, was drauf ist, irgendwann geht's unter? Sorgen Sie dafür, dass der Stöpsel steckt! Und dann siegen Sie!

Die Strecke ist quasi egal, der Wille zählt. Preise gibt's in den Kategorien Schnelligkeit, technische Raffinessen, Schönheit, Lokalkolorit und Neuheiten.

**Wo & Wann:** Immer im August, im belgischen Dinant, auf dem Fluss Meuse.
Infos unter baignoires.canalblog.com (französisch).

## Badenwannen-Regatta II

Plau am See, Deutschland

**Was, Wann & Wo:** Ausgezeichnet wird das spektakulärste Kentern und das schönste Boot. Gefahren wird auf dem (nicht gerade allzu tiefen) Elde-Müritz-Kanal. Nur Muskelkraft erlaubt – auch für Kids geeignet. Immer im Sommer.
Infos unter www.ilovewanne.de.

## Schwimm mit mir, Puppe – Bubble Baba Challenge

Losevo, Russland

Kein Rettungsring, keine Schwimmweste – luftgefüllte Lustdamen sind hier Ihr „Rettungsanker": Beim Bubble Baba Challenge im russischen St. Petersburg müssen (dürfen?) Sie auf aufblasbaren Sex-Puppen aus Gummi kraulen (oder brustschwimmen) ...

**Das geht ab:** Mitte August stürzen sich Einheimische und Touristen in den Fluss Wuoska, um zu schwimmen. Die Strecke (eigentlich eher bei Rafting- und Kajak-Sportlern wegen der starken Strömung beliebt) ist 1200 Meter lang. Hunderte Teilnehmer gehen an den Start.

**Regeln:** Gummipuppe nicht verlieren, nicht untergehen. Das war's auch schon. Die Zahl der Gummi-Mädchen übersteigt die Zahl der Teilnehmer. Sie dürfen sich so viele mitnehmen, wie Sie „versorgen" können. Aber man muss auf jeden Fall mit mindestens einer Lady ankommen. Um die Latex-Blondinen zu verarzten, darf man(n) auch Klebeband verwenden. Die pralle Partnerin können Sie sich von einem Kumpel leihen – auch gebrauchte Modelle dürfen an den Start.

**Außerdem:** Im Rahmen des Jux-Festivals finden Wettbewerbe im Kosenamen-Ausdenken (Russen klar im Vorteil) und Puppen fantasievoll Bemalen statt. „Babba" bedeutet übrigens Frau (ohne Konnotation von Respekt).

**Was & Wo:** Losevo liegt ungefähr 100 Kilometer von St. Petersburg entfernt. Die Idee entstand aus einer Wodka-

Laune – auf einer Party, auf der keine Frauen zugegen waren. Entsprechend nehmen meist nur Männer am Rennen teil (vielleicht deswegen: männliche Sex-Puppen sind rar). Homepage: www.bubblebabachallenge.ru

## RENN-SPECIAL

Das verrückte Rennen rund um die Welt ist es zwar nicht, aber es fühlt sich irgendwie genauso an. Sie brettern durch apokalyptische Landstriche, in den mystischen Sonnenuntergang hinein, durch die einsame Steppe, über majestätische Anhöhen ins gefühlte Nichts.
Unter Ihrem Hintern: Ein heißer Motor und genügend PS, um jede Steigung nach oben zu sprinten.
In Ihrem Kopf: Freiheit. Und Ansporn.

Die folgenden Rallyes sind nicht derart kräftezehrend wie der Klassiker Paris–Dakar, aber auch nicht entsprechend von Kommerz und professionellem Fanatismus getrieben. Satteln Sie auf, um fremde Gegenden und auch ein Stück weit sich selbst zu entdecken (oder ihren Partner, denn der wird quasi Tag und Nacht an Ihrer Seite sein).
Wem das alles zu viel Kräftemessen ist: Die Route 66 ist auch ganz nett. Schluckt man im Cabrio sogar fast keinen Staub …

## Rallye Allgäu–Orient

Bei der Rallye Allgäu–Orient (www.allgaeu-orient.de/de) geht es um ein Kamel als Hauptpreis. Der Wagen muss 20 Jahre alt sein oder weniger als 2000 Euro kosten. Gestartet wird in Teams (2er, 3er), verschiedene Aufträge müssen erfüllt werden (Ballen Heu mitnehmen), Übernachtungen dürfen nicht mehr als 10 Euro kosten. Es geht vom Allgäu nach Amman in Jordanien.

## Rallye London–Mongolei

Per Auto durch die Steppe. Los geht's in England (Hyde Park), im Laufe der Strecke durch Europa stoßen immer mehr Teilnehmer dazu. Das Ziel: Ulan Bator in der Mongolei. Die Regeln: Es gibt kein Support-Team, dem Gewinner (wer de facto als erstes ankommt) wird „keine Aufmerksamkeit zuteil" (laut offiziellem Regelwerk). Bedingung: Man darf nicht auf Autobahnen/Highways unterwegs sein – das Abenteuer zählt!

Das Ganze dauert drei bis vier Wochen, je nach Route müssen bis zu 13 000 Kilometer runtergerockt werden. Es wird keine Strecke vorgeschrieben, es geht über Moskau, Kiew, Istanbul, etc. (Stationen in Europa sind u.a. Frankreich, Spanien, Italien).

**Regeln:** Es dürfen nur Autos starten, die „allgemein als scheiße und nicht für Rallyes geeignet" angesehen werden, bedeutet so viel wie: niedrige Motorleistung, klappriges Ge stell etc. Ausnahmen: besondere Fahrzeuge („High Comedy Value") wie Feuerwehrautos o.ä. Später werden die Karren versteigert, der Erlös gespendet.

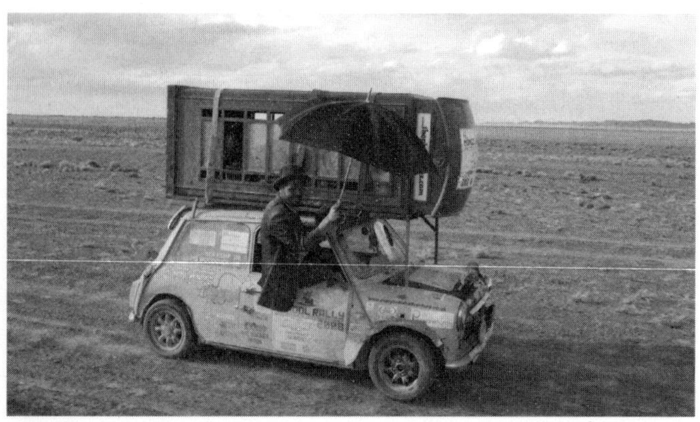

**Infos:** Hunderte Teams, bis zu 4 Personen. Kostet ´ne Stange Geld: 800 Euro Startgebühr, über 1000 Euro Spendengebühr, pro Fahrer mehrere hundert Euro.
Website: mongolrally.theadventurists.com

# Was sonst noch so abgeht ...

Das an sich abenteuerliche Rennen **Gumball** (3000) ist was für Reiche oder Yuppie-Jet-Set: Ein illegales Straßen-Rennen (bereits tote Fußgänger zu beklagen). Ist nur der Chronistenpflicht halber erwähnt.
Start ist London, es geht über Belgien, Deutschland, etc. wieder zurück. Gewinner gibt's nicht, dafür aber bereits Todesopfer (Zaungäste am Straßenrand).

Für Biker seien kurz die internationalen Klassiker erwähnt: Die **Bike Week Europe** (www.europeanbikeweek.com) sowie das **Biker-Treffen in Daytona**, USA (www.daytonabikeweekevents.com).

Das nur als Anregung – denn Treffen von Motorrad-Fahrern und -Freunden gibt es zuhauf und überall.

Und es muss auch nicht immer die fremde Ferne sein – durch die Alleen in Brandenburg oder rund um die Mecklenburgische Seenplatte ist mit dem Motorrad auch eine schöne Tour! Oder einfach mal auf die Autobahn und irgendwo abfahren, wo man zuvor noch nie war ...

# BASTLER-ABTEILUNG

Wo anfangen, wo aufhören? Hier geht es nicht um Mannesstärke oder um Tricksereien. Hier ist Erfindertum gefragt.

Sie haben einen ekelhaften, trockenen Kuchen von Tante Emma geschenkt bekommen, wissen nicht, was damit anfangen? Essen geht nicht, also weg damit, ab in die ewigen Jagdgründe. Ob Sie eine Schleuder, ein Katapult oder einfach nur Ihre Manneskraft aufbringen – Ihre Entscheidung!
Wie Sie Ihre Mülltonne, Ihren alten Schreibtisch-Stuhl aufmotzen, um die Gegner aus der Bahn zu werfen – lassen Sie sich einfach etwas einfallen.

Ihr Rasenmäher ist der schnellste?
Ihr Flieger kommt am höchsten?
Sie haben etwas gebastelt, bei dem andere vor Neid erblassen und vor Ihnen auf die Knie fallen?
Treten Sie gegen die Konkurrenz an! Und ganz schnell bei folgenden Wettbewerben anmelden!

## ... für Raser

### Mülltonnen-Rennen

Hermeskeil, Deutschland

Es war einmal eine Mülltonne ... Was wie ein Märchen beginnt, ist jedem Gefährt anzusehen. Irgendwann war der schrille Flitzer eine Mülltonne, vielleicht ist sogar einmal Abfall in ihr gelandet. Jetzt saust sie mit Karacho den Hang runter, auf oder in ihr hocken Sie! Und Ihrer Fantasie sind dabei keine Grenzen gesetzt!

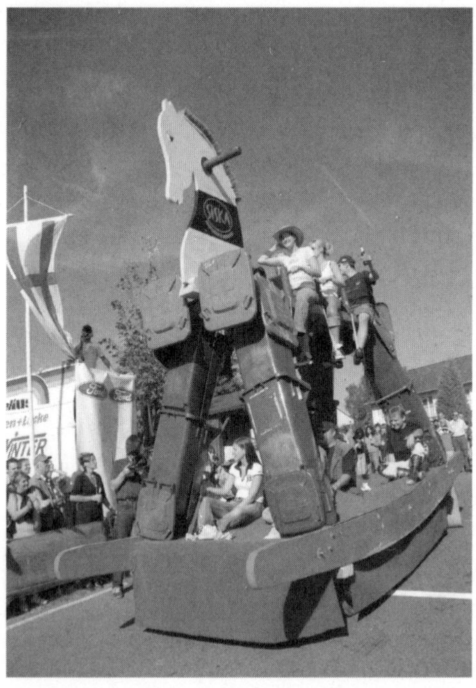

**Was geht ab:** In Hermeskeil (Rheinland-Pfalz) werfen sich wackere Opas und Jungspunde gleichermaßen auf ihren Bock, mit 50 Sachen geht's bergab – und man kann (darf) nicht bremsen!
Anmelden können sich Vereine, Einzelpersonen oder Gaststätten (ob lediglich ortsansässige, ist unbekannt).
Im Vorfeld findet ein Showrennen mit außergewöhnlichen Tonnen statt.

**Regeln:** „Handelsübliche" Tonne, leer, keine zusätzlichen Rollen, Spoiler, Motoren oder Sonstiges. Am schnellsten, so beobachtete eine Reporterin des SWR, sollen übrigens 80- und 120-Liter-Modelle sein.

**PS:** Bob- und Skeleton-Weltmeister nutzen die Jux-Meisterschaft als Training, wenn auch nicht bierernst.
Immer Ende August/Anfang September, Teilnahmegebühr 5 Euro, Anmeldung unter www.yesangels.de oder www.hermeskeil.de.

## Kinetic Grand Championship, USA

Ferndale, USA

**Wie & Wieso:** Zu Lande, zu Wasser – ein 38-Meilen-Hindernisrennen durch Matsch, tiefes Wasser, über Hügel und staubtrockene Pisten – dieser ulkige Wettbewerb ist etwas für Hardcore-Bastler! Ob Einzelkämpfer oder Team – Hauptsache, Ihr eigener Kopf und Ihre „Maschine" sind top.

**Die Crux:** Nur Menschenkraft darf die Skulptur antreiben (und Wind, Sonne, Naturgewalten).

**Regeln:** Wenn Sie einen Anhalter mitnehmen, bekommen Sie einen Zeit-Bonus. Außerdem gibt es einen Preis für jenes Team, dessen Fahrzeug am spektakulärsten zusammenbricht. Ansonsten zählt das allgemeine Wettkampf-Credo: Mitmachen und Ankommen! Davor und vor allem danach tratschen Sie mit Mitstreitern über Technik-Details, trinken Bier, headbangen zu Rock-Bands – alles Teil des Festivals.

Auf was sich die Teilnehmer besonders freuen: Das Training an den 365 Tagen vor dem Rennen – auf Highways, über wüstenähnlichen Dünen am Sandstrand von Kalifornien, durch Geröll- und Schrottplätze des Staates. Besonders in den Wochen direkt vor dem Rennen werden Sie in der Umgebung von Arcada und Ferndale auf Gleichgesinnte stoßen.

**Wow:** Die Event-Idee bzw. der Erfinder Hiobart Brown war sogar schon für den Friedensnobelpreis nominiert, weil das Rennen (bzw. seine Bedingungen) durch Intelligenz,

Umweltfreundlichkeit und Teamgeist imponierte. Alle Gefährte müssen straßentauglich sein.

**Wo & Wann:** Das Rennen führt von Arcada nach Ferndale, Kalifornien – das Event dauert drei Tage. Auch in anderen Teilen der USA finden solche Rennen statt. Das Original gibt es bereits seit über 40 Jahren. Infos unter kinetickingdom.com (Liste der verschiedenen Rennen) sowie kineticuniverse.com oder kineticgrandchampionship.com.

## Bürostuhlrennen

Bad König-Zell, Deutschland / Neuenkirch, Schweiz

Sesselpupser aufgepasst: Hocker schnappen, auf den Berg – und ab dafür! In Deutschland ist die Disziplin noch nicht allzu alt, aber dafür extrem lustig: Die Strecke ist 170 Meter lang, nach dem Startschuss geht's bergab, von einer Holz-Rampe aus auf die Strecke katapultiert.

**Regeln:** Maximale Radgröße von 20 Zentimetern Durchmesser, 5 Rollen. Sie müssen zu Ihrem eigenen Schutz einen Helm tragen. Gewinn: Pokal plus einen hochwertigen Bürostuhl. Alle anderen Teilnehmer bekommen Schmieröl. Findet im April statt.

Die Schweizer Variante – übrigens das Original – wird in Neuenkirch, Schweiz, ausgetragen. Hier geht es 300 Meter bergab. Es gibt zwei Kategorien – Stühle bei der Classic-Fahrt (unveränderte Stühle) werden gestellt. Beim Crazy-Run (Fantasie beim Bau gefragt, wird sogar bewertet) können sogar mehrere Personen starten – aber Sie müssen ein Bremssystem nachweisen.

**Regeln:** Ein Motor ist nicht erlaubt, das Gefährt muss wenigstens noch ein bisschen aussehen wie ein Bürostuhl. Maximale Radgröße von 10 Zentimetern. Findet im Juni statt. Termine, Anmeldung und genaues Reglement finden Sie unter den Websites der Bürostuhl-Renner in Deutschland: www.buerostuhlrennen.com, oder den Kollegen in der Schweiz: www.buerostuhlrennen.ch.

## Houston, wir haben kein Problem: Mondauto-Rennen

Huntsville, USA

Sie müssen einen Parcours meistern, der nicht von dieser Erde scheint: Beim „NASA Great Moonbuggy Race" eifern Raser der ersten Mondlandung nach, heizen mit ihren selbstkonstruierten Buggys über staubige Pisten, die „den Oberflächenverhältnissen auf dem Mond" ähneln sollen. Abgehoben hat noch niemand dabei.

**Was geht ab:** Knapp 100 Teams aus mehreren dutzend Ländern treten an. Das Fahrzeug darf nur von Muskelkraft angetrieben werden (fahrrad-ähnliche Konstruktionen sind im klaren Vorteil). Gestartet wird in zwei Kategorien: „Highschool"- und „Universität"-Klasse. Bei dem Rennen geht es um Sekunden. Die Fahrzeuge werden von zwei Personen (eine männlich, eine weiblich) betrieben, müssen klappbar sein und dürfen erst auf der Startlinie auseinandergeklappt werden!
Der Parcours: Es geht 1,2 Kilometer lang über Krater, Felsen und „Lawa-Ströme" (keine echten natürlich).

**Darum geht's:** Im Grunde soll Sie das Ganze an die erste Mondlandung 1971 erinnern, und Ihnen Appetit machen, es nachzumachen und zu verbessern. Es geht um Schnelligkeit, Leichtigkeit der Fahrzeuge, Erfindungen, Sicherheit, auch Design. Der Wettbewerb ist höchst offiziell bei der NASA angesiedelt (die Endung der URL „.gov" macht's offensichtlich) – die Experten suchen wohl nach neuen Ideen ...

**Wo & Wann:** Anfang der 90er-Jahre startete die NASA das erste Rennen. Seitdem jedes Jahr im April.
Infos und Anmeldung unter moonbuggy.msfc.nasa.gov.

## Voll Karacho – die Rasenmäher-Weltmeisterschaft

Wisborough Green, England

Aus einer Schnaps-Idee in der Kneipe wurde ein – nun ja, sagen wir mal – internationales Event, das seinesgleichen sucht: Das Rasenmäher-Wettrennen. Es wird jährlich (mehrere Male) in England abgehalten.

**So funktioniert's:** Sie müssen die Scherblätter entfernen (aus Sicherheitsgründen vorgeschrieben) und dürfen das Rennen bloß nicht allzu ernst nehmen! Schließlich wurde der Wettkampf 1973 in einem Pub in Wisborough Green „erfunden".

**Wo, Wann & Wer:** Von England aus startete Lawn Mower Racing seinen Siegeszug in die Welt (Obwohl: In Indiana soll es bereits seit 1963 Rasenmäher-Rennen geben). Es gibt (mindestens) zwei britische Rasenmäher-Rennvereine, dazu einen australischen, einen US-amerikanischen, mehrere deutsche und so weiter und so fort. Die jeweiligen Associations (schöne, wenn auch nicht vollständige Liste unter den externen Links bei en.wikipedia.org/wiki/Lawn_mower_racing) haben in etwa dieselben Reglements.

**Obacht:** Die Motoren und das Chassis sollten originalgetreu sein. Ausnahme: Australien (u.a.): Hier dürfen die Maschinen aufgemotzt werden! Manche stecken Rasenmäher-Rennen in dieselbe Schublade wie Go-Kart, doch der Vergleich hinkt – mit den Rasenmähern kann hervorragend offroad geheizt werden.

## Die berühmtesten Rennen in Deutschland

Seit 1999 werden in St. Michaelis Rasentrecker-Rennen und seit 2003 in Sachsen die offene sächsische Meisterschaft im Rasenmäher-Rennen ausgetragen. Die Teilnehmer starten in zwei Klassen an verschiedenen Orten Sachsens. (Deutschlandweite Termine unter der Homepage des Vereins www.rasenmaeherrennen.de).

Und noch: In Krautsand bei Stade (Elbinsel) gibt es seit 1997 jedes Jahr an Himmelfahrt die Weltmeisterschaft der Rasenmäher-Trecker. Die Details: 50 Runden (insgesamt 15 Kilometer) im Renntempo. Bedeutet: 50 Mal über Sandhügel, durch ein ständig bewässerte Schlammloch von drei Metern Breite, zwei Metern Länge und einem halben Meter Tiefe.
Infos unter www.rasenmaehertrecker.de

## Betten-Rennen in Afrika – Bedrace

Johannesburg, Südafrika

Verrückte Typen und Ladys in noch verrückteren Vehikeln – freakigen Betten! Im sonnigen Afrika. Für einen guten Zweck. Plus einen Durstlöscher obendrauf. Was will man mehr?

**Details:** Jedes Team besteht aus 5 Mitgliedern. Es gibt einen Preis für das beste Bett, die schnellste Zeit, den besten Team-Spirit. Alle Fahrer bekommen einen Sixpack Alkohol (gesponsert) und ein T-Shirt.

**Wichtigstes Detail:** Gefahren wird mit ausrangierten Krankenhaus-Betten – diese müssen bei der Anmeldung bestellt werden (um sie entsprechend umzurüsten bzw. zu pimpen).

**Wo, Wann & Wieso:** Gestartet 1995, damals mit rund 20 Teams – heutzutage nehmen hunderte teil. Der Erlös geht an notdürftige Einrichtungen, und zwar für dringend benötigte Betten für Altenheime in Johannesburg! Termin ist Juli/August.
Offizielle Website mit allen Infos und Fotos unter www.bedrace.co.za.

## Kids auf heißen Rädern – Soap Box Derby

Derby Downs, USA

Drei Spuren, glühender Asphalt – und tollkühne Jungs und Mädels (Höchstalter 17 Jahre) in rollenden Kisten. Das wohl größte Seifenkisten-Rennen der Welt, gleichzeitig auch als Weltmeisterschaft deklariert, wartet auf Sie und Ihre Seifenkiste. Was abgeht, ist klar – schließlich ist es ein Soap Box Derby. Bedeutet: Keine Motoren, nur die Schwerkraft beschleunigt die selbstgezimmerten Vehikel. 1934 gestartet, mauserte sich das Rennen zum Publikums- und Fahrer-Magnet für alle Nationen.

**Regeln:** Sie starten auf einer Rampe. Die kleinen Flitzer erreichen bis zu 50 Stundenkilometern auf der etwa 300 Meter langen Strecke (11 Prozent Gefälle). Erlaubt sind nur standardisierte Räder/Reifen. Gefahren wird nach K.o-System, das Zielfoto entscheidet. Hunderte Raser treten insgesamt gegeneinander an.

**Es gibt drei Kategorien:** Stock Division (8–13 Jahre, Anfänger), Super Stock (10–17 Jahre, Fortgeschrittene und Master Stock (10–17 Jahre, Profis: Gefährte, die wie Dragster aussehen, nur eben ohne Motor). Sie als Fahrer müssen nichts zahlen, Zuschauer 5 Dollar Eintritt.

**Wo & Wann:** Die Rennstrecke Derby Downs liegt in Akron (im Nordosten von Ohio, zwischen Cleveland und Canton). Das Rennen findet immer im Juli statt. Termine siehe Website www.aasbd.org.

**Auch gut:** Das Bobbycar-Rennen in Deutschland. Infos unter www.bobbycarclub.de.

## ... für (Ver-)Schleuderer

### Kürbis-Weitschieß-WM – Pumpkin Chunking Championship

Bridgeville, USA

Hauptsache spektakulär, Hauptsache weit – wer Kürbisse liebt, der schießt!

**Kategorien:** Über 18 Jahre, 11 bis 17, unter 11 Jahren, (www.punkinchunkin.com/punkinchunkinrulesv10.pdf) – es wäre etwas ausufernd, alle Details zu beschreiben. Für fortgeschrittene Bastler gilt zumindest: Alles ist erlaubt! Katapulte (auch riesige), Schleudern, Kanonen – und verrücktes Gerät aller Art. Der Rekord liegt bei weit über einem Kilometer!

Young Glory
III

**Unfälle & Sonstiges:** Eine Ente wurde durch einen Kürbis getroffen – ob sie überlebte, ist unklar.

**Wo & Wann:** Das erste Wochenende nach Halloween (November) in Sussex County, Dellaware. Zuletzt in der Ortschaft Bridgeville.
Alle Infos gibt's unter der offiziellen Website www.punkinchunkin.com. In Europa soll ein ähnliches Event in Bikschote, Belgien, stattfinden.

## Früchtekuchen-Schießen – Great Fruitcake Toss

Manitou Springs, USA

Früchtekuchen müssen nicht immer lecker sein. Definitiv sind sie nicht jedermanns Geschmack! Was also anstellen, nachdem sie von Mutti oder den lieben Verwandten auf dem Gabentisch gelegt worden sind? In Colorado geht's ab damit in die ewigen Jagdgründe!

**Was geht ab:** Sie können verhasste Kuchen in die Ferne katapultieren! Und zwar in verschiedenen Disziplinen: Mit der Hand oder mittels eines Katapults. Sie können die Kuchen aber auch fangen, sich dabei für die beste Show auszeichnen lassen oder einfach nur in bescheuerten bzw. aufwändigen Kostümen antreten (wird vom Publikum gekürt). Die Wettbewerbe sind in zwei Kategorien unterteilt: Zwei- und Vier-Pfund-Torten.

Außerdem gibt's ein Fruitcake Derby (Kuchen auf Rädern müssen gegeneinander antreten) und einen Kuchen-Kunst-Wettbewerb – gesucht wird der schönste, hässlichste und „kreativste" Kuchen.

**Wann:** Immer der erste Samstag im Januar, kostet 5 Dollar. Keine offizielle Website.

## ... für Flieger

### Höher geht's nimmer – Coupe Icare

St. Hilaire du Touvet, Frankreich

Eines der größtes Air-Events der Erde, 70 000 am Boden, 1000 in der Luft, vier Tage lang – und man kann in mehreren Disziplinen starten. Auch als Amateur ohne Flugerfahrung können Sie abheben – aber nur mit einem „Instruktor".

**Was geht ab:** Es geht in die Luft! Beim ältesten Freiflug-Festival der Welt starten Sie nicht etwa wie bei den Red-Bull-Flugtagen von einer Rampe, sondern aus luftigen 1000 Metern Höhe (aus Flugzeugen) oder von einem der vier luftigen Startplätze.

**Das hebt ab:** So ziemlich alles – nur flugtauglich muss es sein! Denn mit der Fliegerei ist nicht zu spaßen! Auf Sturzflug gingen neben den Klassikern (Glidern, Ballons, ausstaffierten Sky-Divern, Gleitschirmen, etc.) bereits Betten oder ein Haus! Ziel: Das ungewöhnlichste Himmelsgefährt in der Luft zu halten.

**Was fliegt:** Im Rahmen der Flugtage im Departement Isère finden verschiedene Meisterschaften statt, u.a. Hang Gliding, Paragliding – und sogar ein Triathlon.

**Randnotizen:** Das Festival gibt es seit 1974. 2005 kam es zu einem tödlichen Unfall, als zwei Teilnehmer in der Luft kollidierten. Der Wettbewerb wird auch das „Woodstock des freien Fliegens" genannt: Neben Messe-Zelten locken am Boden Partys und Konzerte.

**Wo, Wann & der Rest:** Fliegen kostet – 2000 Euro für Wettkampf-Teilnehmer (die meisten haben ohnehin einen Sponsor), ansonsten bis zu 100 Euro mit einem „Fluglehrer" (im Tandem-Sprung). Zu gewinnen gibt's ein fettes Preisgeld (Höhe variiert, fünfstellige Euro-Summe, rund 60 000 Euro). Immer im Spätsommer (September).
Offizielle Website: www.coupe-icare.org (auch in englischer Sprache)

## Der Verkleidungs-Flug: Icarnaval

St. Hilaire du Touvet, Frankreich

Selbe Stelle, selbe Böe – immer samstags und sonntags finden während des Coupe-Icare-Events das „Icarnaval"-

Festival statt. Teilnehmen dürfen alle Hang- und Paraglider-Piloten. Insgesamt gibt's 40 000 Euro zu gewinnen (ausschließlich Sachpreise).
Teilnahme kostet nichts, es darf alleine, Tandem oder als Gruppe (nicht mehr als 5 Flieger) geflogen werden. Hierbei wird vor allem die Sicherheit, aber auch der künstlerische sowie technische Einfallsreichtum bewertet.

**Preise:** Gruppe oder einzeln, Hang Glider oder Paraglider – es gibt Preise für den besten Gag, die beste Verkleidung, die beste Performance, Außergewöhnliches (Alter, Gimmicks, Zubehör, etc) – beim letzten Punkt sind Ihrer Fantasie keine Grenzen gesetzt. Es gibt auch einen Publikums-Preis – der Auftritt zählt!

## Menschlicher Vogel-Flug – International Birdman

Worthing, England

Früher der Bognor Birdman, seit 2008 der International Birdman – mit neuer Location: In Worthing (West Sussex) fliegen Ausgeflippte um die Wette bzw. Weite – es soll der älteste Flugwettbewerb dieser Art überhaupt sein.

**Was geht ab:** Ein-Mann-Flieger, mit Fluggerät (selbst gebastelt, gekauft oder gänzlich ohne) nehmen auf einer Plattform des Worthing Pier Anlauf und springen.

**Wer fliegt:** Die Reichweite zählt – in drei Kategorien: Ernsthafte Spring-Versuche („Leonardo Class", mit selbstgebauten Fliegern; „Condor Class", mit getunten Hang-Glidern) und idiotische Verkleidungen („Kingfisher Class"). Bei der Kingfisher Class geht's vor allem darum, Kohle für wohltätige Zwecke zu sammeln.

**Was bringt's:** Wer 100 Meter schafft, kriegt 30 000 Pfund. Bisheriger Rekord: 99,80 Meter. Das Preisgeld für die 100-Meter-Marke hat der unglückliche Fast-Rekordhalter ausgelobt.

Offizielles und Flug-Termine im Netz: www.worthingbirdman.co.uk, Twitter@worthingbirdman, Facebook: www.facebook.com/worthingbirdman.

## SCHNEEGESTÖBER

Zu kalt gibt's nicht, du bist höchstens falsch angezogen (Zitat: Mein Opa).
Recht hat er!
Rein in den Skianzug, ab auf die Piste. Oder besser noch: Rein ins Kostüm, zuvor Sprit tanken – und dann endlich Schuss abwärts!

Alles, was Sie bei den folgenden Events erleben können, dient alleine der Gaudi der Teilnehmer und der Zuschauer. Mehr gibt es nicht zu sagen.
Abfahrt mit Einkehrschwung (und nicht nur einem), wie eine Wildsau bergab, mit Snowboard oder Plastiktüte unter dem Hintern über einen Eistümpel – Sie haben die Wahl!

Nur ein finaler Tipp: Runter geht's immer – doch zusammen, mit einigen Bierchen, mit einer illustren Truppe, da geht's besser.

Aber Achtung: Wer zu viel Feuerwasser in der Eiseskälte in sich reingekippt hat, sollte sich den Ritt besser sparen. Denn bei unglücklichen Stürzen hilft auch kein wuscheliger Erste-Hilfe-Bernhardiner mit Schnaps-Fässchen um den Hals mehr …

## Belalp Hexe – rasante Fastnacht auf dem Snowboard

Belalp, Schweiz

Après Ski während der Abfahrt! Beim Belalp Hexen-Rennen in der Schweiz sind nicht die Streckenzeiten wichtig, sondern Kostüm und Trinkfestigkeit. Manchmal benötigen Teilnehmer sogar mehrere Stunden für das „Rennen", weil sie es vorziehen, abseits der Strecke zu trinken (Glühwein, Bier, Schnaps) und zu essen (Fondue, es gibt auch Restaurants irgendwo in der Nähe).

**Was geht ab:** Es geht über eine Distanz von 12 Kilometern (Höhenunterschied 1800 Meter). Bis zu 1500 Skier gehen an den Start, es gibt verschiedene Disziplinen (auch Kinder als „Hexenkids").

Bewertet werden vor allem Kostüme – ist schließlich ein reiner Fun-Event – für Ski und Snowboard. Wohl das Wichtigste: Nach dem Rennen startet die Witches Night (Fest mit tausenden Feierwütigen).

**Wo:** Kanton Wallis (Schweiz). Immer im Januar, dauert insgesamt mehrere Tage.
Offizielle Website: www.belalphexe.ch

## Locknfest – Hauptsache runterkommen!

Pustertal, Schweiz

Ehebetten, Autos, selbst gebastelte Gefährte – Ihr Einfallsreichtum soll die stattliche Locke (eine große Pfütze) überwinden! Doch vor allem die Bruchlandungen beim Locknfest (oder Locknfeschd) sind spektakulär!

**Was geht ab:** Sie müssen von einer Bergabfahrt aus einen größeren Tümpel mit Schmelzwasser überqueren – es wird übrigens nachgeholfen, um ihn zu einem stattlichen Teich anschwellen zu lassen. Wie Sie das bewerkstelligen? Egal: Den Hintern auf Pfannen, Woks, Badewannen, Schreibtischen packen – einfach rauf auf alles, was gleiten kann.
Auch gerne mit halbnackten oder wahnwitzig kostümierten Fahrern. Danach startet die Open-Air-Locknfest-Party an der Talstation.

**Wo:** Seewiese am Kronplatz Bruneck (Pustertal, Südtirol), Infos: www.suedtirol.com/event/215/locknfest bzw. immer Ende der Saison (März/April).

## Berg raufrennen, Schuss bergab – die Wildsau-Staffel

Praxmar, Österreich

Es geht auch ohne Bretter unter den Füßen – und zwar zuerst den Berg hoch (per pedes), dann rasant bergab (egal wie). Wichtig: Es kann nur in Teams angetreten werden – das Wildsaurennen in Tirol ist ein Staffel-Wettbewerb (4 Personen). Es geht insgesamt über 2300 Höhenmeter – also nix für Untrainierte! Nur die Wenigsten kommen ans Ziel.

**Wann:** Immer im März.
Website: wildsaurennen.com

## Trinkfest den Berg runter – Carlsberg High Five

Verbier, Schweiz

Amateure gegen Profis, Ski gegen Alkohol: Wer durchhält, gewinnt! Bei Saison-Ende treffen sich Wagemutige und Wankelmütige, um promilleträchtig den Hang runterzurasen.

**Die Disziplinen:** Gegen Profis auf einem Hindernis-Parcours antreten oder der „Carlsberg Triathlon“: Hier warten laut Veranstalter (Bierbrauer) „Drei geheime Aufgaben, wobei du unter anderem deine Après-Ski-Fähigkeiten benötigst“. Na dann – Prost! Anschließend gibt's 'ne Riesensause.

**Wo**: Kanton Wallis, Schweizer Alpen.
Offizielle Website: www.verbierhighfivebycarlsberg.com

## DIE FÜNFTE JAHRESZEIT

Kölle Alaaf, Helau, Ahoi, Heijo – und der ganze närrische Rest: Es ist im Grunde genommen egal, wie Sie die die Jahreszeit zwischen den Jahreszeiten einleiten, grüßen und verabschieden.

Eigentlich steht traditionell im Vordergrund, den Winter symbolisch zu vertreiben, damit der Frühling Einzug halten kann. In früheren Zeiten, um die Äcker neu bestellen zu können, quasi das Weiterleben zu sichern.
Doch eigentlich ging es um vieles mehr – vor allem heutzutage spürbar: Alter Ballast weg, hin zu Neuem. Beruflich, in Liebesangelegenheiten, im eigenen Innern.
Aber mal ganz ehrlich: Im Grunde genommen geht es doch darum, dass Sie endlich mal wieder richtig die Sau rauslassen können – traditionell geachtet, sogar gesellschaftlich er- und gewünscht.

Was wirklich abgeht? Anarchie, gefühlte zumindest …
Sie verbrennen Strohpuppen, Sie können im engen Fummel auf der Straße tanzen, auf Lkw schwofen, vor allem aber sind schräge (oder sexy) Fetzen am Leib Pflicht – kommt ganz auf den Landstrich und die Temperatur an.

Ihr ständiger Wegbegleiter: Dosenbier, Sektflasche, gemixte Eigenkreationen aller Couleur. Und am besten noch eine Kopfschmerztablette ...

Falls Sie ein Karnevals-Hasser sind: Mitfeiern ist besser als ständig Nörgeln.

Die hypothetische Gefahr: Es könnte Ihren Horizont erweitern, Sie könnten neue Freundschaften, gar Liebschaften schließen.

Die reale Gefahr: Alkohol, in rauen Mengen, gepaart mit dem anderen Geschlecht. Oder, je nach Stadt, auch dem eigenen Geschlecht ... Sie werden's schon rauskriegen!

## Fastnacht, Karneval, Fasching – Winter raus, Alkohol rein

Verschiedene Orte, Deutschland

Und da sage noch einer, die Deutschen könnten nicht feiern ... Die ganze Republik steht eine Woche lang Kopf, trinkt rund um die Uhr, küsst, tanzt. Vom Schmutzigen Donnerstag bis Aschermittwoch ist vielerorts Ausnahmezustand. Willkommen in der 5. Jahreszeit!

**Was geht ab:** Sie müssen sich lediglich eine dämliche Maske übers Gesicht stülpen, ins Kostüm oder auch gerne auch in rußbeschmierte Felle schlüpfen, viel trinken und Leute erschrecken – und die finden's auch noch toll! Das ist Fastnacht, Fasching, Karneval.

Umzüge finden vielerorts statt, werden im TV übertragen – doch die Party steppt dort, wo die Kameras nicht sind: In den Kneipen, in den kleinen Gassen, hinter (nicht allzu fest) verschlossenen Türen: Wer verkleidet ist und eine Fahne hat, bekommt fast überall Einlass.
Küssen ist (quasi) erlaubt, egal, ob verheiratet, verlobt oder sonst verbandelt. Immer gilt jedoch: „Am Aschermittwoch is' alles vorbei" (oft gesungener Liedtext).

**Höhepunkt:** Die Fastnachts-Verbrennung. Ein riesiger Scheiterhaufen wird irgendwo entzündet, ausgelaugte Jecken tanzen, singen melancholische Lieder oder sitzen einfach nur drumherum. Sehenswert.

**Der Klassiker:** Köln. Unbestritten. Quasi ohne Konkurrenz, zumindest der berühmt-berüchtigste Ort zu dieser Zeit in ganz Deutschland. Einfach hinfliegen oder -fahren, trinken – und der Flirt (bzw. Alkohol-Absturz) ist garantiert. Weit im Voraus eine Pension buchen ist ein Muss, ansonsten ist alles dicht (inklusive Parkplätze).

**Wann & Wo:** Ende Februar, Anfang März, vor allem im Ruhrgebiet (Köln, Düsseldorf), aber auch in Mainz (Rheinland-Pfalz) und in Baden-Württemberg (mehrere Orte). Von Besuchen in Berlin oder Frankfurt ist abzuraten. Dort finden zwar groß angekündigte Umzüge statt, aber das war's dann auch. Wenn das Treiben in Deutschland endet, beginnt übrigens die Baseler Fasnacht (Schweiz) …

**Geheimtipp:** Wiesental in Nordbaden, Deutschland. Los geht's am „Schmutzigen Donnerstag", alles endet am Aschermittwoch (genauer gesagt in der Nacht von Fastnachtsdienstag auf Mittwoch, 24 Uhr). Was „Fasänachd" hier so besonders macht: Die Sauerei. Alles ist nicht nur dreckig, sondern muss es sein!

Überall lungern „düstere Gestalten" rum, die herzensguter nicht sein könnten. Gekleidet wie Urzeitmenschen mit Fellen am Leib, Ruß und Schichten von Trockenfarbe im Gesicht, dahinter (bzw. darunter) ein Rausch, der seinesgleichen sucht – und immer finden wird. Denn hier sind alle besoffen, „schmutzig" und lustig. Gefeiert wird in Kneipen, auf der Straße („Schlumpeln" genannt), auf einem der zig Umzüge der Region.

**Zentrale Anlaufstellen:** Cafe Normal, Cafe Maxi – und alle Kneipen, die offen haben.
Infos unter www.sauwagen.de.

## Mehr Karneval ...

... der Klassiker: Rio. Nicht zu Vergleichen mit Deutschland oder der Schweiz, weil nackter, heißer, mit feurigen Beats und weil Massen-Spektakel! Trinken, tanzen, turteln – Brasilianer sind (nicht zu Unrecht) für ihren lockeren Umgang mit Sexualität bekannt. Höhepunkt: Der Umzug am Aschermittwoch (Februar/März), Tribünenplätze kosten 100 Euro. Auch Hotels sind (im Vergleich zu sonstigen Tarifen) extrem teuer. Vorsicht: Viele Transsexuelle und Kriminelle unterwegs.

... weltweite Karneval-Spektakel: In Salvador (Brasilien) wird eine Woche lang gefeiert. Der Umzug in Gualeguaychú (Argentinien) steht dem in Rio in nichts nach – außer den Touristen. Auch hier wird närrisch gefeiert und viel Haut gezeigt. In Venedig geht's gesitteter (und historischer) zu: Aufwändige Kostüme, teure Empfänge (elf Tage bis Faschingsdienstag).

Das Mardi Gras in New Orleans (USA) ähnelt einem Jazz-Straßenfest, Motto: Auffallen! Auch ein Lesben und Schwulen Mardi Gras (1. Samstag im März) wird gefeiert, das aber in Sydney (Australien) – die Kostüme sind sehenswert (und danach rauskriegen, wer da eigentlich drinsteckt ...). Auch gut: Der Sommerkarneval im dänischen Aalborg: trinken, verkleidet sein, Spaß haben!

## Orangenschlacht – matschiger, raubeiniger Karneval des Südens

Ivrea, Italien

Irgendwie skurril, wie die Römer Karneval feiern. Drei Tage lang, mit zig Verletzten! Denn Apfelsinen sind bekanntermaßen ziemlich hart, wenn sie einem an den Kopf gedonnert werden. Tonnen davon werden verfeuert.
Die Stadt Ivrea (knapp 25 000 Einwohner, Provinz Turin, Region Piemont) zelebriert die fünfte Jahreszeit ausgelassen, bis zu 50 000 Schaulustige säumen bei der Orangenschlacht („battaglia delle arance") die Straßen. Die Orangen sind alt – also faul, matschig und saftig.

**Das geht ab:** Mehrere Mannschaften („Fußvolk", tausende Menschen verkleidet als Teufel, Händler, etc.) des Ortes bewerfen die Wagen der „Herrscher" (mit je 20 Personen besetzt) mit Orangen. Die „Herrscher" sind aufgrund der übermächtigen Zahl der Angreifer mit „American Football"- oder Fechter-Masken geschützt. Die Wagen der „Herrscher" sind der letzte Teil eines Umzugs durch die Straßen der Stadt.

Ivrea – ein Schlachtfeld! Viele schreien, jeder hat nach der Schlacht blaue Flecken oder zumindest tränende Augen durch die Säure. Junge Schmeißer und alte Revoluzzer greifen zur Frucht, aber auch alteingesessene, respektable Bürger der Kleinstadt. Denn Italiener mögen keine Obrigkeiten, wenn auch nur symbolische.

Das Ganze dauert bis zu drei Stunden. Das Volk siegt immer. Zum Schluss wird der Tyrann symbolisch (nicht persönlich) verbrannt – bis ein einziger Trompeter bzw.

Flötenspieler den Trauermarsch anstimmt, Ruhe einkehrt und sich die Masse auf den Nachhauseweg macht. Wie in jeder traditionellen Fastnacht eben …

**Mythos:** Im Jahre 1194 führte ein gewisser Conte Rainieri di Biandrate das „Recht der ersten Nacht" (wir alle kennen es aus dem Hollywood-Schinken „Braveheart") ein. Eine Müllers-Tochter namens Violetta rebellierte, erstach den Conte und schnitt ihm den Kopf ab. Dann steckte sie die Burg in Brand und kämpfte mit den Bürgern von Ivrea gegen die Truppen des Tyrannen.
Es sollen hauptsächlich Steine (andere Quellen sprechen von Bohnen) geworfen worden sein. Ivrea gewann! Wieso nun ausgerechnet Orangen gefeuert werden, ist nicht überliefert. Die heutige Schlacht ist die Erinnerung an diesen Triumphzug der Bürger über ihren Herrscher.

**Wer, Wo & Wann:** Wichtig: Eine rote Kopfbedeckung ist das Zeichen der „Freiheitskämpfer" – wer sie nicht aufhat, wird Ziel der Orangen. Das Fest findet in der traditionellen Fastnachts-Zeit statt, also Ende Februar. Die Schlachten beginnen kurz nach 14 Uhr.

Wer aktiv mitmachen will, muss Teil einer Bruderschaft werden. Infos unter den Websites www.assodipicche.it (Team Ass), www.arancerimorte.it (Team Tod), www.tuchini.it (Team Tuchini), www.credendari.org (Team Gläubige).
Für alle, die nur zugucken möchten: Es sind meterhohe Schutzzäune aus Draht aufgestellt. Doch selbst dahinter bekommt man was ab.
Allgemeine Infos unter www.storicocarnevaleivrea.it.

## So gut wie Karneval – CSDs weltweit

Der Christopher Street Day (CSD bzw. Regenbogenparade in Anlehnung an die Fahne, Gay Pride) ist wie Fastnacht, nur eben betont Homo. Mitfeiern darf jedoch jeder. Anbaggern gehört zur Etikette, auch wenn der Hintergrund der Veranstaltung (Straßenumzüge mit anschließenden Partys in Clubs) ein durchaus ernster ist: Ein Protest gegen die Diskriminierung von Schwulen, Lesben und Transsexuellen. Jede größere Stadt weltweit hat einen CSD. Infos und Termine am besten via Wikipedia checken.

**Der Klassiker:** San Francisco. Hier ist der historische Ursprung der Parade (1969).

## Schrill und laut – Love Parades etc.

Genauso bunt wie die CSDs, nur nackter, freizügiger (sexueller) – und untrennbar verbunden mit Drogen und Techno-Beats. Tausende Besucher tänzeln traumversunken neben Festival-Wagen her (oder auf ihnen), zugedröhnte Freaks überall.
Finden jedes Jahr unter anderen Namen quasi weltweit statt, vor allem aber in Europa – in Zürich (Street Parade), Genf (Lake Parade) und mehreren deutschen Städten. Die ursprüngliche Loveparade (zuletzt in Duisburg) wird nicht mehr stattfinden. Nach einer Massenpanik kam es zu dutzenden Todesopfern.

**Übrigens:** In Berlin, wo die Love Parade zuerst heimisch war, entstand parallel die Fuckparade – die gibt es bis heute.

## APOCALYPSE FOREVER – ZOMBIES FEIERN UNGEHEMMTER!

Kleine Frage, nur am Rande: Wenn man tot ist, einen also auch nichts mehr umbringen kann (wie beispielsweise ein Gift wie Alkohol) – kann man da eigentlich betrunken werden? Ein besoffener Zombie – also nicht im Blutrausch, sondern mit Schnaps in den (ansonsten blutleeren) Adern – ist das möglich?

Jepp! Und wie ...

### Zombie-Kneipentour

Nur ein Beispiel (unter den zahllosen Pub Crawls für „Untote"): Der Philly-Zombie-Crawl in Philadelphia (www.phillyzombiecrawl.com)! Einmal im Jahr geht's auf den Straßen der US-Metropole blutrünstig geschminkt auf Kneipentour.

**Die Regeln:** Kommen Sie in Zombie-Aufmachung (Schminke, Kleidung, Gangart & Verhalten), nehmen Sie genug Geld für Drinks mit („Blood on the Rocks" kostet 5 US-Dollar. Wodka-Sirup-Mix). Mindestalter 21, ohne Ausweis kein Einlass. Los geht's um 18 Uhr, eine Handvoll Pubs werden angesteuert, aber alles innerhalb eines Radius von wenigen hundert Metern. Endet etwa um Mitternacht, aber Durstige können noch in einem Nachtclub weitermachen. Sinn hinter der Aktion: Spaß.

**Alternative zum Crawl:** Die Zombie-Abschlussfeier, inklusive Bands (Punk, Alternative, Metal). Oder: Die Zombie-Strand-Party. Hierbei bitte die Untoten-Maskerade auf den ganzen Körper ausdehnen.

**Wann:** Immer am Ostersonntag. Grund: Um Jesus, den „bekanntesten Zombie der Welt", zu ehren.

**Wo noch:** Minnesota, Pittsburgh („Zombie Fest"), New Orleans, Chicago, New Jersey, Sacramento, Long Beach etc. (alles USA, verschiedene Termine). Auch zu Halloween in London (organisiert von der Viking Hats Group), ebenfalls jährlich.

**Und:** Es gibt auch eine Charity-Aktion namens „World Zombie Day", um auf Hungersnöte in der ganzen Welt aufmerksam zu machen. Außerdem: Wer noch mehr „Seinesgleichen" treffen möchte, muss unbedingt zur ZomBcon: Auf dieser Convention freuen sich Science-Fiction-Schriftsteller auf Interesse oder Gegenrede. Es gibt Workshops, Film-Vorführungen und und und. Immer Oktober in Seattle.

Und wie bereitet man sich auf so etwas vor? Hier:

**Das Zombie-Trainingslager:**

Ja, das gibt es wirklich, ist sogar semi-ernst gemeint (und, zugegeben: hat mit dem lustigen Untoten-Saufabend rein gar nichts zu tun. Aber es ist so skurril: Ich musste es einfach an dieser Stelle einmal erwähnen) …

Kurs-Beschreibung:
„Der ultimative Leitfaden, wie Sie Zombie-Horden überle-

ben". Das Training gleicht einem Kino-Szenario: Alles ist infiziert, Sie müssen sich a) durch eine Geisterstadt oder b) durch die Wildnis schlagen und ums Überleben kämpfen bzw. sich verteidigen.

Harte Voraussetzungen, die mit Laien-Zombies durchgespielt werden. Aber alles in allem: Der Spiel-Charakter kommt durch. Nützlich dennoch: Die „Mac Gyver"-Überlebens-Tipps (Feuer ohne Streichhölzer, Jagen ohne Waffen, ein paar Nahkampf-Techniken, etc.). Alternative: Ein Buch von Überlebenskünstler Rüdiger Nehberg ...

**Wo:** Portland, Oregon (USA). Termine variieren.

## Was sonst noch so abgeht ... Silvester-Special

Apropos Endzeitstimmung ...

... irgendwann neigt sich nicht nur die 5. Jahreszeit zur Neige, sondern auch das kalendarische Jahr: Silvester steht an. Hier eine nicht repräsentative und unvollständige Auswahl, wo sich der (westliche) Jahreswechsel besonders ausgefallen feiern lässt.

**Hogmanay**, Schottland, beginnt am 30. Dezember mit einer Lichter-Parade in Edinburgh, tags drauf folgen Konzerte, Umzüge, alles tanzt, feiert, trinkt. Das Fest dauert bis 1. Januar (der Tag danach ist zum Ausnüchtern).

**Junkanoo**, Bahamas, Riesen-Parade am 26. Dezember und 1. Januar, jeweils ab 2 Uhr im Morgengrauen. In Nassau dröhnen zu dieser Zeit die Dschungel-Trommeln, jeder tanzt, alle sind in Ekstase.

**Reveillon**, Brasilien, Party an der Copacabana und Ipanema Beach in Rio de Janeiro. Millionen trinken, feiern, flirten.

**Times Square**, USA: Der Klassiker in den Vereinigten Staaten. Am wohl berühmtesten Platz im Herzen Manhattans (New York) sind alle, die sonst nicht wissen, wohin; Dichtes Gedränge, Patriotismus (und seit 9/11 hohe Sicherheits-Standards). Danach in die teuren Clubs und Bars – vorher und nachher in die Jazz-Clubs in Downtown, Shoppen und durch den Central Park schlendern.

**Brandenburger Tor**, Deutschland: In Berlin zelebrieren Hunderttausende den Jahreswechsel beim kostenlosen Mega-Konzert. Danach nach Kreuzberg, Friedrichshain. Unbedingt mehrere Tage bleiben.

# GLOSSAR – NACH LÄNDERN GEORDNET

## Afrika

**Jamaika**
Oktoberfest

**Marokko**
Marathon des Sables

**Namibia**
Oktoberfest

**Südafrika**
Betten-Rennen

## Asien

**Indien**
Farbenschlacht

**Japan**
Baumstamm-Rennen
Feuer-Festival
Nackt-Festivals

**Myanmar**
Myanmar Water Festival

### Südkorea
Mudfestival

### Thailand
Songkran Water Festival

## Australien

Darwin Beer Can Regatta
Henley on Todd Regatta

## Europa

### Belgien
Bathtub Regatta

### Deutschland
Arschbomben-WM
Badewannen-Regatta
Bürostuhl-Rennen
Domina-Rodeln
Fasching
Gemüseschlacht
Nacktrodeln
Mülltonnen-Rennen
Oktoberfest
Papierboot-Regatta
Rasenmäher-WM
Schneeballschlacht
StrongmanRun
Silvester

Wacken Open Air
Wattolümpiade

**England**
Ashburne Fußball-Keilerei
Badewannen-Rennen
Betten-Rennen
Cheese Rolling
Dartmoor Jail Break
Eierwurf-WM
Gravy Wrestling
Grimassen schneiden
Haxey Hood Massen-Rugby
Highland Games
International Birdman Flug-Meisterschaft
Maldon Mud Race
Rasenmäher-WM
Schlamm-Schnorcheln
Schubkarren-Rennen
Sumo-Ringer-Anzug-WM
Toe Wrestling Camp
Tortenschlacht
Tought Guy Race
Walking the Plank Championships
Wollsack-Rennen

**Finnland**
Handy-Weitwurf-WM
Luftgitarren-WM
Sauna-WM
Sumpffußball
Wife-carrying

**Frankreich**
Icarus Cup Masquerade Flights
Icarnaval
„Ins-Wasser-Stoßen"-WM
Strandschnecken-Spuck-WM

**Griechenland**
Mehlschlacht

**Holland**
Cannabis Cup
Schlamm-Marathon
Schlamm-Rugby

**Italien**
Orangenschlacht
Spring Break (Tuttogas)

**Kroatien**
Spring Break

**Österreich**
Papierflieger-WM
Snowbreak
Wildsau-Staffel

**Portugal**
Hammer-Schlacht
Boom-Festival

**Russland**
Bubble Baba Challenge

**Schottland**
Silvester

**Schweiz**
Belalp Hexe
Bürostuhl-Rennen
Carlsberg High Five
Locknfest
Weihnachtsmann-Meisterschaften

**Serbien**
Exit-Festival

**Spanien**
Domingo Farineiro
Mehlschlacht
Pamplona
Rotweinschlacht
Saloufest
Sunsplash
Tomatenschlacht
Wasserschlacht

**Türkei**
Summer Splash

**Ukraine**
Kazantip

**Ungarn**
Sziget

## Nordamerika

### Kanada
Kürbis-Regatta
Oktoberfest

### USA
All-American Soap Box Derby
Burning Man
Frozen Dead Guy Festival
Great Fruitcake Toss
Karneval
Kinetic Sculpture Race
Masturbier-Marathon
Milk Carton Derby
Mondauto-Rennen
Oktober- und Wurstfeste
Pumpkin-Weitschießen
Rasenmäher-WM
Redneck-Festival
Saint Stupids Day
Silvester
South by Southwest
Spring Break
Summerfest
Weird Contest Week
Zombie-Kneipentour

## Süd- und Mittelamerika

**Argentinien**
Karneval
Oktoberfest

**Bahamas**
Silvester

**Brasilien**
Karneval
Oktoberfest
Silvester

**Mexiko**
Spring Break

## Weltweite Events

Ein Festival im eigenen Land, das ist lustig und unkompliziert. Doch dasselbe in einer vielleicht exotischen Umgebung? Probieren Sie's doch einfach mal aus, wenn es die Reisekasse erlaubt!

CSDs
Gummistiefel-Weitwurf-WMs (international)
Loveparades
Kissenschlacht (internationaler Flashmob)
Spring Break

# GLOSSAR – NACH MONATEN GEORDNET

Zur Einordnung: Manche Termine erstrecken sich über mehrere Wochen, daher wurde nur der Anfangs-Monat ausgewählt. Und: Einige Termine (beispielsweise Fasching) variieren in der Jahreszeit, daher wurden die „üblichen Anfangszeiten" ausgewählt.

**Januar**
Belalp Hexe, Schweiz
Great Fruitcake Toss, USA
Haxey Hood Massen-Rugby, England
Tought Guy Race, England

**Februar**
Ashburne Fußball-Keilerei, England
Domina-Rodeln, Deutschland
Domingo Farineiro, Spanien
Farbenschlacht, Indien
Fasching, Deutschland, weltweit
Mehlschlacht, Griechenland
Nacktrodeln, Deutschland
Orangenschlacht, Italien
Schneeballschlacht, Deutschland

**März**
Carlsberg High Five, Schweiz
Frozen Dead Guy Festival, USA
Locknfest, Schweiz
South by Southwest, USA
Spring Break, USA, Mexiko, Karibik
Wildsau-Staffel, Österreich

**April**
Baumstamm-Rennen, Japan
Bürostuhl-Rennen, Deutschland
Dartmoor Jail Break, England
Mondauto-Rennen, USA
StrongmanRun, Deutschland
Saint Stupids Day, USA
Saloufest, Spanien
Schlamm-Rugby, Holland
Songkran Water Festival, Thailand

**Mai**
Cheese Rolling, England
„Ins-Wasser-Stoßen"-WM, Frankreich
Masturbier-Marathon, USA
Spring Break, Italien, Kroatien
Wollsack-Rennen, England

**Juni**
Betten-Rennen, England
Bürostuhl-Rennen, Schweiz
Eierwurf-WM, England
Exit-Festival, Serbien
Hammer-Schlacht, Portugal
Mudfestival Südkorea
Rotweinschlacht, Spanien
Schlamm-Marathon, Holland
Toe Wrestling Camp, England
Wasserschlacht, Spanien

**Juli**
All-American Soap Box Derby, USA
Badewannen-Rennen, England
Betten-Rennen, Südafrika

Darwin Beer Can Regatta, Australien
Highland Games, England
Kazantip, Ukraine
Milk Carton Derby, USA
Pamplona, Spanien
Schubkarren-Rennen, England
Strandschnecken-Spuck-WM, Frankreich
Summerfest, USA
Sumpffußball, Finnland
Testicle-Festival, USA
Wasserschlacht, Spanien
Wettessen-Meisterschaften, USA

**August**
Bathtub Regatta, Belgien
Boom-Festival, Portugal
Bubble Baba Challenge, Russland
Burning Man, USA
Gravy Wrestling, England
Handy-Weitwurf-WM, Finnland
Henley on Todd Regatta, Australien
Luftgitarren-WM, Finnland
Mülltonnen-Rennen, Deutschland
Papierboot-Regatta, Deutschland
Schlamm-Schnorcheln, England
Sziget, Ungarn
Tomatenschlacht, Spanien

**September**
Icarnaval, Frankreich
Icarus Cup Masquerade Flights, Frankreich
Oktoberfeste, Deutschland, weltweit
Rotweinschlacht, Spanien

**Oktober**
Cannabis Cup, Holland
Kürbis-Regatta, Kanada
Wife-carrying, Finnland
Zombie-Kneipentour, USA

**November**
Pumpkin-Weitschießen, USA

**Dezember**
Maldon Mud Race, England
Mehlschlacht, Spanien
Myanmar Water Festival, Myanmar
Silvester-Events, weltweit
Snow Break, Österreich
Weihnachtsmann-Meisterschaften, Schweiz

## Wechselnde Termine

Viele der unten aufgelisteten Events sind aufgrund ihrer Internationalität nicht einem speziellen Termin zuzuordnen, für andere wiederum werden die Startzeiten kurzfristig bekannt gegeben und wechseln von Jahr zu Jahr. Am besten auf der Homepage oder beim Veranstalter erkundigen, wann die kommenden Termine für das Festival sind.

Arschbomben-WM, Deutschland (Sommer)
Badewannen-Regatta, Deutschland (Sommer)
CSD, weltweit
Feuer-Festival, Japan
Gemüseschlacht, Deutschland (Sommer)
Grimassen schneiden, England (Herbst)
Gummistiefel-Weitwurf-WM, weltweit
International Birdman Flug-Meisterschaft
Kinetic Sculpture Race, USA
Kissenschlacht, weltweit
Loveparades, weltweit
Marathon des Sables, Marokko
Nackt-Festivals, Japan
Papierflieger-WM, Österreich
Rasenmäher-WM, England
Redneck-Festival, USA (Sommer)
Sauna-WM, Finnland
Summer Splash, Türkei (Sommerferien)
Sumo-Ringer-Anzug-WM, England
Sunsplash, Spanien
Tortenschlacht, England (Sommer)

# ÜBER DEN AUTOR

Ingo Gentner, Jahrgang 1975, ist studierter Kultur- und Literaturwissenschaftler und seit 2000 als Online- und Print-Redakteur tätig, u.a. BILD (Berlin, Mannheim), Frankfurter Rundschau, Horizont (Frankfurt), Volontariat in München. Als Reporter bereiste er mehrere Kontinente (USA, Afrika, Europa).

# BILDNACHWEIS

**Chronologische Liste, nach Kapiteln**

Tomatina: tomatina.es / Vicente Perez (6)
Weinschlacht: haroturismo.org (4)
Schneeballschlacht: eich marketing consulting (2)
Frauen-Tragen-WM: eukonkanto.com / wifecarrying.fi (2)
Tough Guy: Tough Guy (2)
StrongmanRun: Fisherman's Friend StrongmanRun (2)
Marathon des Sables: darbaroud.com / Cymbali/Per (3)
Bullenrennen: Pamplona City Council (2)
Shrovetide Football Ashburne: Ashbourne Tourist Information Centre (2)
Cannabis Cup: Cannabis Cup (1)
Luftgitarren-WM: Oulu Music Video Festival / Air Guitar World Championships (2)
Arschbomben-WM: Mathias Wick / Splashdiving (2)
Wettessen-WM: All Pro Eating (2)
Weihnachtsmann-WM: Tourismus Engadin Scuol Samnaun Val Müstair AG (1)
Papierflieger-WM: Agustin Munoz/Red Bull Content Pool (1)
Sumo-WM: Sumo Suit Athletics World Championships (2)
Walking the Plank: Colin Davey / captaincutlass.com (3)
Betten-Rennen: knaresborough.co.uk/bedrace (2)
Wollsack-Rennen: tetburywoolsack.co.uk (1)
Eggthrowing-Championship: eggthrowing.org (1)
Maldon Mud Race: Mike Byford / Maldon Mud Race (1)
Sumpffußball: ukkohalla.fi (4)
Prutmarathon: itsajokefotografie / lesdeuxponts.nl (2)
Wattolümpiade: Jens Rusch / wattoluempia.de (2); wattoluempia.de (1)
Oktoberfest München: Tom Widmann (4)

## Bildnachweis

Oktober- und Wurstfeste: oktoberfestzinzinnati.com (1);
Mount Angel Oktoberfest (2)
Spring Break US/Europa/weltweit: summersplash.at (4)
Burning Man: John Curley / Burning Man (2)
Kazantip: kaZantip.com (3)
Musikfestivals: wacken.com (3); Ralph@larmann_com (1)
Milchkarton-Derby: seafair.com (2)
Henley-on-Todd: Henley-on-Todd / henleyontodd.com.au (1)
Allgäu-Orient-Rallye: RallyeOKWilfriedGehr (1)
Mongol Rallye: theadventurists.com (4)
Mülltonnenrennen: Yesangels (2)
Bürostuhlrennen: Kerbbursche Zell / www.buerostuhlrennen.com (3)
Rasenmäherrennen: rasenmaeherrennen.de (1)
Bedrace: Round Table Bedrace / bedrace.co.za (2)
Kürbis-Weitschuss-WM: World Championship Punkin Chunkin Association (3)
Coupe Icare/Icarnaval: Coupe Icare (3)
Belalp Hexe: Christian Perret (1); Dario Seiler (1)
Wildsaurennen: wildsaurennen.com (2)
Fastnacht, Karneval, Fasching: Torsten Johannknecht (3)
Geheimtipp Wiesental: Andrea Haas (3)
Autorenfoto: Claudio Fragasso

Vielen Dank an alle hilfsbereiten Veranstalter/Organisatoren/Menschen mit Fotoapparat. Danke auch für Bier und Nüsschen an Ayhan (Xion) und an Murat (Sweetwater).